Ute Schröder

50 Mitmachgeschichten zur Sprachförderung

**Laute, Silben, Wörter
im Anfangsunterricht
spielerisch entdecken**

Verlag an der Ruhr

Impressum

Titel
50 Mitmachgeschichten zur Sprachförderung
Laute, Silben, Wörter im Anfangsunterricht spielerisch entdecken

Autorin
Ute Schröder

Titelbildmotiv
Petra Lefin, Luftblasen (Umschlagrückseite) © Laurent Renault – Fotolia.com

Illustrationen
Petra Lefin (wenn nicht anders angegeben)

Druck
Heenemann GmbH & Co. KG, Berlin, DE

Verlag an der Ruhr
Mülheim an der Ruhr
www.verlagruhr.de

Geeignet für die Klassen 1–2

Urheberrechtlicher Hinweis
Das Werk und seine Teile sind urheberrechtlich geschützt. Jede Verwendung in anderen als den gesetzlich zugelassenen Fällen oder außerhalb dieser Bedingungen bedarf der vorherigen schriftlichen Einwilligung des Verlages. Im Werk vorhandene Kopiervorlagen dürfen vervielfältigt werden, allerdings nur für Schüler*innen der eigenen Klasse/des eigenen Kurses. Die dazu notwendigen Informationen (Buchtitel, Verlag und Autorin) haben wir für Sie als Service bereits mit eingedruckt. Diese Angaben dürfen weder verändert noch entfernt werden. Die Weitergabe von Kopiervorlagen oder Kopien (auch von Ihnen veränderte) an Kolleg*innen, Eltern oder Schüler*innen anderer Klassen/Kurse ist nicht gestattet.
Der Verlag untersagt ausdrücklich das Herstellen von digitalen Kopien, das digitale Speichern und Zurverfügungstellen dieser Materialien in Netzwerken (das gilt auch für Intranets von Schulen und sonstigen Bildungseinrichtungen), per E-Mail, Internet oder sonstigen elektronischen Medien außerhalb der gesetzlichen Grenzen. Kein Verleih. Keine gewerbliche Nutzung.
Näheres zu unseren Lizenzbedingungen können Sie unter www.verlagruhr.de/lizenzbedingungen/ nachlesen.
Bitte beachten Sie zusätzlich die Informationen unter www.schulbuchkopie.de.

Soweit in diesem Produkt Personen fotografisch abgebildet sind und ihnen von der Redaktion fiktive Namen, Berufe, Dialoge u. Ä. zugeordnet oder diese Personen in bestimmte Kontexte gesetzt werden, dienen diese Zuordnungen und Darstellungen ausschließlich der Veranschaulichung und dem besseren Verständnis des Inhalts.

© Verlag an der Ruhr 2014, Nachdruck 2022
ISBN 978-3-8346-2594-6

Inhaltsverzeichnis

Vorwort 5

1. Reime, Laute und Buchstaben
1. Käpt'n Rainer .... (Reime) 8
2. Urlaub auf dem Bauernhof .... (Reime) 10
3. Unheimliche Begegnung am Strand .... (Reime) 12
4. Schönen Gruß, Frau Apfelmus! .... (Reime) 13
5. Gedichte zum Reimen .... (Reime) 14
6. Pille, palle, Gürtelschnalle .... (Reime) 16
7. Ein cooler Cowboy .... (Laute) 17
8. Was ist richtig? .... (Anlaute: G/K, D/T, B/P) 18
9. Was hat der Krake angestellt? .... (Anlaute: S, Sch) 19
10. Prinzessin Kiki hieß nun ...? .... (Anlaute: K) 21
11. Finjas Ferien .... (Anlaute: F, W) 23
12. Zungenbrecher .... (Anlaute) 25
13. St oder Sp? .... (Anlaute: St/Sp) 26
14. Zauberspruch .... (Anlaute: St/Sp) 27
15. ABC-Gedicht .... (Alphabet) 28
16. Von A bis Z im Zirkus .... (Alphabet) 29

2. Silben und Wortbausteine
17. Montag, eins, zwei, drei .... (Silben, Reime) 32
18. Was Kinder gern machen .... (Silben, lange Wörter) 33
19. Haustiertag in der Zauberschule .... (Silben) 35
20. Wir reisen durch die Welt .... (Silben) 37
21. Wortbausteine-Puzzle .... (Wortbausteine) 39

3. Wortarten
22. Meine Familie .... (Nomen, Ableitungen) 42
23. Eine schöne Bescherung! .... (Nomen) 43
24. Das Wolkenmeer .... (zusammengesetzte Nomen) ... 45
25. Traumfänger .... (Nomen, Pluralbildung) 47
26. Ein süßer Schatz .... (Verben) 49
27. Frau Gestern, Herr Heute und
    Fräulein Morgen .... (Verben, Zeiten) 51
28. Frau Dreibein .... (Adjektive) 53
29. Der einsame Zwerg .... (Adjektive, Gegensätze) 55

Inhaltsverzeichnis

30. Klug, klüger, am klügsten? .... (Adjektive, Steigerung) 57
31. Die aufgeregte Katharina erzählt .... (Präpositionen) 59
32. Koko kann den Schnabel nicht halten ...... (Artikel) 61
33. Mitternacht .... (Artikel) 63

4. Satzarten

34. Eine kleine Krabbe .... (Satzarten) 66
35. Hanna und das Geldstück .... (Satzarten) 67
36. Die zwei Mäuse .... (Satzarten) 69
37. Die neue Klasse .... (Satzarten) 71
38. Ein Dieb an Bord! .... (Satzarten) 73
39. Strenger Sportunterricht .... (Satzarten) 75

5. Sinnerfassung

40. Lied von den zehn Piraten .... (Wortergänzung, Reime) 78
41. Zwerg Zipfelzupf erwartet Besuch .... (Wortersetzung) 79
42. So beginnt der Tag .... (Wortersetzung) 81
43. Wer sind Möhre und Piet? .... (Rätsel) 82
44. Märchenrätsel .... (Rätsel) 84
45. Die beschwipste Honigbiene .... (Satzstellung, Sinn) 85

6. Erzählen

46. Das Seeungeheuer .... (Geschichte fortsetzen) 88
47. Die Zaubermaschine .... (Geschichte fortsetzen) 90
48. Die besten Geheimagenten der Welt .... (Geschichte fortsetzen) 92
49. Oskar, der Vampir .... (Geschichte fortsetzen) 93
50. Was man über Katzen wissen sollte .... (Sachinformationen
   austauschen) 94

Vorwort

Liebe Leser*,

dieses Buch soll Ihnen ein hilfreiches und ergänzendes Arbeitsmaterial bei der Sprachentwicklung und Sprachförderung von Kindern im Anfangsunterricht sein. Das Ziel dabei ist, die Kinder mit interessanten Texten zum Sprechen zu verführen, ihre Freude an der Sprache und am Spiel mit der Sprache zu wecken.

Die folgenden Spiel-, Rätsel-, Quatsch-, Lücken- und Fehlergeschichten laden die Kinder zum Spielen mit Lauten, Silben und Wörtern ein. Gedichte, Reime und Zungenbrecher komplettieren die vielfältigen Sprachangebote. Diese erweitern den Grundwortschatz der Kinder. Die phonologische Bewusstheit, die Wortbildung und das Erzählen werden gefördert sowie das Hörverstehen und das Denken in Zusammenhängen geschult.

Die einzelnen Sprach-Spiel-Geschichten sind übersichtlich auf je einer bzw. zwei Seiten angeordnet und mit praktischen Tipps, Hinweisen und Ideen zum Weitermachen versehen. Die Geschichten werden in sechs Schwerpunkten zusammengefasst:

1. In diesen Geschichten und Reimen steht das Spiel mit **Lauten und Buchstaben** im Vordergrund. Die Kinder finden passende Reimwörter oder Wörter mit einem ganz bestimmten An-, In- oder Endlaut oder sie erkennen und unterscheiden gezielt Problemlaute.

2. In diesen Sprachangeboten beschäftigen sich die Kinder mit **Silben** von Wörtern. Entweder bestimmen sie die Silbenanzahl oder sie finden selbst Wörter zum Geschichteninhalt mit einer bestimmten Silbenanzahl. Mit einem Wortbausteinpuzzle setzen die Kinder aus mehreren Silben verschiedene Wörter zusammen.

3. In jeder dieser Geschichten steht eine der folgenden **Wortarten** im Vordergrund: Nomen, Verben, Adjektive, Präpositionen oder Artikel. Die Kinder finden mithilfe der Textinhalte die richtigen Formen der Wortarten. Sie bilden zusammengesetzte Nomen oder deren Einzahl/Mehrzahl. Die Kinder erkennen und bilden die Zeitformen von Verben oder sie finden gegenteilige Adjektive und Steigerungsformen von Adjektiven.

* Aus Gründen der besseren Lesbarkeit haben wir in diesem Buch durchgehend die männliche Form verwendet. Natürlich sind damit auch immer Frauen und Mädchen gemeint, also Lehrerinnen, Schülerinnen etc.

Vorwort

4. In diesen Geschichten erkennen die Kinder die drei **Satzarten**. Verschiedene Möglichkeiten der Bestimmung durch die Kinder, wie Bildkarten, Handzeichen oder Bewegungsformen, sowie die lustigen und interessanten Inhalte der Geschichten regen die Kinder zum Mitmachen an.

5. In diesen Sprachangeboten steht die **Sinnerfassung** von Texten und Sätzen im Vordergrund. Die Kinder erkennen falsch gewählte Nomen und Verben und finden passend zum Geschichteninhalt sinnentsprechende Wörter. Sie hören und korrigieren Vertauschungen von Wörtern in einzelnen Sätzen oder sie erraten durch konzentriertes Zuhören die Lösungen von Rätseln und einer Rätselgeschichte.

6. Spannende und lustige Geschichten laden die Kinder zum **Erzählen** ein. Ob in einer Open-End-Geschichte oder einer Quatschgeschichte, mit Fantasie, der Hilfe von ausgewählten Bildkarten oder Gegenständen und Spielideen zum Weitererzählen erfinden die Kinder selbst Geschichten und üben sich im Erzählen.

In einigen wenigen Geschichten werden Wort- oder Bildkarten verwendet. Diese können Sie ausschneiden, kopieren und laminieren, damit sie bei mehrmaliger Benutzung unbeschädigt bleiben. Sind die Bildkarten für die Kinder nicht mehr interessant oder wollen Sie ganz bestimmte Motive einbeziehen, können Sie auch selbst kreativ werden, indem Sie selbst zeichnen oder Abbildungen aus Zeitschriften o. Ä. nutzen.

Ich wünsche Ihnen und Ihren Kindern viel Spaß beim Spiel mit diesen Geschichten und gute kreative Einfälle zum Weitermachen.

Ute Schröder

1. Reime, Laute und Buchstaben

Kapitel 1

1. Käpt'n Rainer

So geht es:

Sie lesen die Quatsch-Reimgeschichte beim ersten Mal vollständig vor. Die Kinder merken schnell, dass sich das Reimwort zwar reimt, die Geschichte aber keinen Sinn, sondern lustigen Quatsch ergibt. Bevor Sie die Geschichte zum zweiten Mal vorlesen, fordern Sie die Kinder auf, passende Reimwörter zu finden und während Ihres Vortrages zu ergänzen, sodass die Geschichte einen Sinn ergibt.

*Der Käpt'n Rainer **Speer***	
*fährt jeden Tag auf's **Bär**.*	***(Meer)***
*Dort fängt er immer **frisch**,*	
*fürs Abendbrot den **Tisch**.*	***(Fisch)***
*Seine Frau, die gute **Anne**,*	
*am Herd schon wartet mit der **Wanne**.*	***(Pfanne)***
*Kartoffeln gibt es dazu **auch**.*	
*Anne reibt sich schon den **Strauch**.*	***(Bauch)***
*Rainer segelt um das **Riff***	
*mit seinem wunderschönen **Griff**.*	***(Schiff)***
*Dann holt er die Segel **ein***	
*und wirft das Netz ins Wasser **Bein**.*	***(rein)***
*Reißaus nimmt schnell die kleine **Qualle**,*	
*die Fische schwimmen in die **Galle**.*	***(Falle)***
*Der Rainer wartet gar nicht **lang***	
*und zieht an Bord den fetten **Gang**.*	***(Fang)***
*Da schwimmt ein Ungetüm **herbei**,*	
*ein ziemlich großer Weißer **Brei**.*	***(Hai)***
*Rainer zieht nun schnell und **schneller**,*	
*der Fang soll doch auf seinen **Keller**.*	***(Teller)***
*Der Hai kommt näher, dieser **Schuft**,*	
*das Netz baumelt schon in der **Gruft**.*	***(Luft)***
*Der Fisch ist hungrig und nicht **faul***	
*und öffnet schon sein großes **Paul**.*	***(Maul)***
*Ob Käpt'n Rainer es noch **schafft**?*	
*Er zieht mit allerletzter **Saft**.*	***(Kraft)***
*Hau ruck! Die Fische sind an **Deck**,*	
*das Ungetüm schwimmt endlich **Speck**.*	***(weg)***

1. Käpt'n Rainer

Weitere Ideen:

- Greifen Sie Reimwörter aus der Geschichte auf und fordern Sie die Kinder auf, möglichst viele andere Reimwörter dazu zu finden, z. B.

Anne	**lang**	**ein**	**auch**
Wanne	Gang	Bein	Strauch
Pfanne	Fang	rein	Bauch
Kanne	Klang	sein	Lauch
Panne	Rang	fein	Hauch
Janne	sang	klein	Rauch
Tanne	sprang	Stein	

- Teilen Sie die Kinder in Kleingruppen ein und ordnen Sie jeder Gruppe ein Wort zu, zu welchem sie möglichst viele Reimwörter finden soll. Wenn die Kinder ihre Ergebnisse vorgetragen haben, können die Kinder der anderen Gruppen ihre Ideen ergänzen.
Schreiben Sie die Reimwörter beim Nennen untereinander an die Tafel.
Unterstreichen Sie die Anlaute, die dem Wort eine andere Bedeutung geben.

Kapitel 1
2. Urlaub auf dem Bauernhof

Vorbereitung:
Die Kinder setzen sich in einen Stuhlkreis.

So geht es:
Fordern Sie die Kinder auf, die Reimwörter bzw. Wortteile nacheinander zu ergänzen. Bestimmen Sie ein Kind, das beginnt. Sein Nachbar ist beim nächsten Wort an der Reihe. Lesen Sie die Reimgeschichte immer bis zu den gekennzeichneten Stellen ohne das Reimwort vor.

Es war Zeit zum Urlaubmachen.
*Ich packte meine sieben ... **(Sachen)**.*
Ich wollte auf den Bauernhof
*denn Strandurlaub, den find ich ... **(doof)**.*
Ich fuhr durch Städte und durch Wälder,
*kleine Dörfer und auch ... **(Felder)**.*
Bauer Kurt hieß mich willkommen,
*hat mich in den Arm **ge**... **(nommen)**.*
Dann zog ich in mein Zimmer ein,
*das war nicht groß, sondern sehr ... **(klein)**.*
Am nächsten Morgen in der Frühe,
*hörte ich das Muh der ... **(Kühe)**.*
Ich sprang aus dem Bett ganz schnell,
*denn es wurde langsam ... **(hell)**.*
Nach dem Frühstück ging's hinaus
*aus dem großen **Bauern**... **(haus)**.*
Sepp, der schlaue Schäferhund,
*begrüßte mich zur **Morgen**... **(stund')**.*
Viel gab's auf dem Hof zu sehen,
*deshalb blieb ich erst mal ... **(stehen)**.*
Rechts, da stand der Schweinestall,
*den Duft, den roch man **über**... **(all)**.*
Geradeaus, da sah ich Ziegen
*auf der grünen Weide ... **(liegen)**.*
Da kam der Bauer aus dem Haus,
*brachte einen Korb **he**... **(raus)**.*
Gab mir den Korb und meinte dann:
*„Du bist mit Eierholen ... **(dran)**."*

50 Mitmachgeschichten zur Sprachförderung

2. Urlaub auf dem Bauernhof

Zum Hühnerstall ging ich dann hin,
*alle Hühner war'n noch ... **(drin)**.*
Sie gackerten ganz aufgeregt
*und hatten Eier schon **ge**... **(legt)**.*
Schnell griff ich in die Nester rein,
*ganz vorsichtig musste ich ... **(sein)**.*
Als die Arbeit war getan,
*sah ich mir die Scheune ... **(an)**.*
Dort lagerten bis an die Decke
*Heuballen in jeder ... **(Ecke)**.*
Da sah ich einen Traktor kommen
*und der hat mich dann **mitge**... **(nommen)**,*
auf ein riesengroßes Feld,
*mit Kartoffeln war's **be**... **(stellt)**.*
Die Ernte wurde eingebracht,
*natürlich hab ich **mitge**... **(macht)**.*
Sammelte Kartoffeln ein,
*warf sie in den Hänger ... **(rein)**.*
Bauer Kurt gab mir die Hand
*und hat sich zum Schluss **be**... **(dankt)**.*
„Solche Helfer lob ich mir,
*komm, jetzt trinken wir ein ... **(Bier)**!"*

Weitere Idee:

Lassen Sie die Kinder, die schon einmal auf einem Bauernhof waren, über ihre Erlebnisse berichten. Nicht alle Kinder hatten schon einmal die Möglichkeit, einen Bauernhof zu besuchen. Binden Sie dabei themenbezogene Wörter aus der Geschichte ein, deren Bedeutung einigen Kindern vielleicht nicht klar ist und stellen Sie gezielte Fragen.
- Was ist eine Weide?
- Wozu ist eine Scheune da?
- Was bedeutet: Das Feld ist bestellt?
- Was bedeutet: die Ernte einbringen?

Tipp:

Sollte einem Kind das passende Reimwort nicht einfallen, geben Sie Hilfestellung, indem Sie den richtigen Anlaut vorsprechen.

3. Unheimliche Begegnung am Strand

Vorbereitung:
Alle Kinder stehen an ihren Plätzen.

So geht es:
Fordern Sie die Kinder auf, die Reimwörter der folgenden Geschichte ganz schnell zu ergänzen. Sie lesen immer einen Zweizeiler ohne das Reimwort vor. Der Erste, der das Wort richtig genannt hat (es können auch mehrere Kinder gleichzeitig sein), darf sich setzen. Danach spielen nur noch die stehenden Kinder mit.

*An einem schönen, langen Strand,
ich schlenderte durch weichen ... **(Sand)**,
suchte ich die schönsten Steine,
große und auch winzig ... **(kleine)**,
warf den allergrößten Stein
in das blaue Wasser ... **(rein)**.
Wollte mich dann mal erfrischen,
tauchen mit den vielen ... **(Fischen)**.
Rubbelte mich kräftig ab,
nahm danach ein ... **(Sonnenbad)**.
Ich aalte mich im warmen Sand,
als er plötzlich vor mir ... **(stand)**.
Hut, Pistole, Augenklappe,
Muskeln, die war'n nicht aus ... **(Pappe)**,
Schwarze Augen, Stoppelbart –
ein Pirat auf großer ... **(Fahrt)**.
„Her mit deinen ganzen Sachen,
sonst werd ich Grütze aus dir ...
(machen)",
schrie der Pirat mir in die Ohren
und tat sich in der Nase ... **(bohren)**.*

*Da nahm ich eine Ladung Sand,
ganz heimlich in die linke ... **(Hand)**
und mit Schwung, ganz blitzeschnelle,
traf ich genau die richt'ge ... **(Stelle)**,
mitten ins Gesicht hinein.
Der Pirat fing an, zu ... **(schreien)**.
Er tanzte wie ein blinder Bär,
immer wieder hin und ... **(her)**.
Da schubste ich ihn weg
und er flog in den ... **(Dreck)**.
„Bitte, bitte, lass mich leben,
alles Gold will ich dir ... **(geben)!**",
jammerte der Bösewicht
und zog ein ängstliches ... **(Gesicht)**.
Da steckte ich den Goldschatz ein
und grinste fröhlich in mich ... **(rein)**.
Genauso hat sich's zugetragen,
wer mir nicht glaubt, der soll es ...
(sagen).*

Weitere Idee:
Diese Reimgeschichte eignet sich gut zum pantomimischen Darstellen. Während Sie die Geschichte vortragen, können gleichzeitig zwei Kinder die Rollen der Akteure übernehmen und den anderen Kindern das Geschehen vorspielen.

4. Schönen Gruß, Frau Apfelmus!

So geht es:

Tragen Sie die kleine Unterhaltung in verschiedenen Tonlagen vor. Immer abwechselnd, einmal tief für Herrn Lauch, einmal hoch für Frau Apfelmus. Lesen Sie anschließend die Unterhaltung noch einmal ohne die Nomen hinter dem Komma vor und lassen Sie die Kinder die Wörter im Chor ergänzen. Können sich die Kinder an ein Nomen nicht erinnern, sprechen Sie als Hilfestellung den Anlaut des Nomens.

⇨ „Schönen Gruß, Frau Apfelmus!"
→ „Ich grüß Sie auch, Herr Lauch."
⇨ „Alles klärchen, Gummibärchen?"
→ „Viel zu tun, Suppenhuhn."
⇨ „Dann alles Gute, Knusperpute."
→ „Das wünsch ich auch, Schweinebauch."
⇨ „Ich bin dann weg, Schinkenspeck."
→ „Ich sag goodbye, Spiegelei."

Weitere Ideen:

- Die Kinder bilden Wortpaare mit zusammengesetzten Nomen, bei denen sich die Enden reimen, z. B. Spiegelei – Kartoffelbrei. Für sehr leistungsstarke Gruppen können Sie auch den Themenbereich der gesuchten Wortpaare eingrenzen, z. B. Tiere oder Pflanzen.
- Die Kinder sitzen im Stuhlkreis. Sie geben ein zusammengesetztes Nomen aus der Geschichte vor und die Kinder bilden der Reihe nach eine Wortkette, z. B. Spiegelei – Eieruhr – Uhrzeit – ...
Weiß das Kind, das gerade dran ist, kein Wort, machen die anderen Vorschläge oder Sie nehmen ein neues zusammengesetztes Nomen aus der Geschichte und beginnen eine neue Wortkette.

Kapitel 1

5. Gedichte zum Reimen

So geht es:

Fordern Sie die Kinder auf, während Ihres Vortrages die passenden Reimwörter zu ergänzen. Sprechen Sie vorher mit den Kindern ab, ob Ihnen alle Kinder gemeinsam das Reimwort zurufen sollen oder immer nur ein Kind an der Reihe ist.

Vom Specht

Der Baum im grünen Wald
ist groß und schon ganz ... **(alt)**.
Da kommt ein Specht zu Gast,
setzt sich auf einen ... **(Ast)**.
Mit dem Schnabel, poch, poch, poch,
hackt er in den Baum ein ... **(Loch)**.
Steckt den spitzen Schnabel rein,
holt ein Würmchen winzig ... **(klein)**.
Mmh, das war ein Festtagsschmaus,
pickt er sich noch mehr ... **(heraus)**!

Guter, alter Mond

Der gute, alte Mond,
der im Himmel ... **(wohnt)**,
mal ist er kaum zu sehen im All,
mal ist er rund so wie ein ... **(Ball)**.
In der dunklen Nacht
gibt er auf uns ... **(acht)**,
spendet uns sein sanftes Licht,
denn hell strahlen kann er ... **(nicht)**.
Seine Freunde, tausend Sterne,
grüßen ihn aus weiter ... **(Ferne)**.

Viele braune Hühner

Viele braune Hühner kommen aus dem Stall,
gackern laut und rennen, scharren ... **(überall)**.
Finden sie ein Würmchen, halten sie es fest,
flattern dann zurück in ihr Hühner... **(nest)**.

5. Gedichte zum Reimen

Ein kleiner Indianerjunge
Ein kleiner Indianerjunge
hat den Namen Flinke ... **(Zunge)**.
Er reitet mit dem Pferd
auf einen hohen ... **(Berg)**.
Schaut sich um nach allen Seiten,
denn nach Hause will er ... **(reiten)**.
Da hat er sie entdeckt,
die Wigwams ganz ... **(versteckt)**.
Er hüpft vor Freude auf und ab,
dann reitet er den Berg ... **(hinab)**.
Und dann geht es – hopp, hopp, hopp,
ab nach Hause im ... **(Galopp)**.

Marienkäfer
Ein kleiner, roter Käfer schläft im **Sonnenlicht**,
hat viele schwarze Punkte, fast wie ein ... **(Gesicht)**.
Da wird er plötzlich munter, streckt seine Flügel **aus**,
fliegt von der weiten Wiese zu seinem kleinen **(Haus)**.

Weitere Idee:

Motivieren Sie die Kinder, selbst ein kleines Gedicht zu verfassen. Geben Sie ihnen Hilfestellung, indem Sie einen geeigneten Satzanfang vorschlagen, z. B.

Ich heiße Tina Müller
und schreibe mit dem Füller.

Ich mag besonders Katzen.
Die haben weiche Tatzen.

Kapitel 1

6. Pille, palle, Gürtelschnalle

So geht es:

Die folgenden Satzanfänge beinhalten Wörter mit doppelten Mitlauten. Fordern Sie die Kinder auf, die Sätze mit lustigen Inhalten und einem Reimwort am Ende zu ergänzen.

Nennen Sie ein Beispiel, wie „Pille, palle, Gürtelschnalle, meine Hand ist eine Kralle". Lesen Sie danach jeweils einen Satzanfang vor und lassen Sie verschiedene Kinder nacheinander den Satz beenden.

Pille, palle, Gürtelschnalle
Schippe, schuppe, Kasperpuppe
Rinne, ronne, Abfalltonne
Dimmer, dammer, Speisekammer
Gille, gaffe, Kletteraffe
Hille, hasse, Kaffeetasse
Fille, felle, Suppenkelle
Jille, jette, Perlenkette
Kille, küssel, Haustürschlüssel
Lalla, liffe, Segelschiffe
Tille, tänner, Supermänner
Wommer, wimmer, Klassenzimmer
Mille, muppe, Hühnersuppe
Sille, sutter, Hasenfutter

Weitere Idee:

Können die Kinder selbst solche Zeilen nach dem gleichen Bauprinzip reimen?

Kapitel 1

7. Ein cooler Cowboy

So geht es:

Diese Geschichte erzählen Sie mit den Kindern gemeinsam, denn die Kinder ergänzen jeweils das letzte Wort eines jeden Satzes und bestimmen so den Inhalt der Geschichte mit. Legen Sie vorher für die Kinder einen Anlaut, einen Inlaut oder einen Endlaut fest, welchen die Wörter beinhalten sollen und welchen Sie üben möchten. Lassen Sie auch nicht so sinnvolle Wörter zu, denn es soll den Kindern ja Spaß machen.

Die Kinder dürfen einzeln der Reihe nach bei den Lücken ein Wort ergänzen.

Ein cooler Cowboy ritt durch das Land auf seinem/seiner ....
Gut gelaunt pfiff er ein Liedchen. Das Lied erzählte von einem/einer ....
Der Cowboy hatte sich chic gemacht. An seinem Hut steckte ein/eine ....
Sein weißes Hemd strahlte wie die/der/das ....
An seiner ledernen Weste hingen lauter ....
In dem breiten Gürtel des Cowboys steckten zwei ....
An seinem Sattel hing ein Beutel mit Proviant. Darin war zum Trinken ein Krug mit ....
Für den Hunger hatte er seine Lieblingsspeise eingepackt, ein/e/n leckere/s/n ....
Da sah er in der Ferne endlich sein Ziel: die Ranch namens ....
Dort wartete bereits seit Tagen seine Braut auf ihn, die liebliche ....
Am gleichen Abend noch sollte das Hochzeitsfest stattfinden, mit ganz vielen ....
Ein Hochzeitsgeschenk für seine Braut hatte der coole Cowboy natürlich auch dabei, ein/eine/einen ....

Gut zu wissen:

Diese Geschichte können Sie zum Üben fast aller Laute nutzen. Ungeeignet wegen einer sehr geringen Wortauswahl sind die Buchstaben: C, Q, X, Y und Z.

Tipps:

- Lassen Sie die anderen Kinder weitere Vorschläge für die jeweilige Lücke nennen.
- Eventuell sammeln Sie vorab mit den Kindern beispielhaft einige Wörter mit dem gesuchten An-, In- oder Endlaut.

Kapitel 1

8. Was ist richtig?

So geht es:

Hier sollen die Kinder den Anlaut des letzten Wortes eines jeden Satzes richtig bestimmen. Nennen Sie dazu vorab die gesuchten Buchstaben.
Lesen Sie dann zuerst die zwei zusammenhängenden Sätze vor. Danach lesen Sie jeden Satz einzeln vor und die Kinder ordnen den richtigen Anlaut zu.

G oder K?

*Ein Kunde hastet durch die **Gasse**. – Die Verkäuferin schließt bald die **Kasse**.*
*Kommt, wir gehen in den **Garten**! – Auf einer Decke spiel'n wir **Karten**.*
*Wer essen will, braucht eine **Gabel**. – Der Computer braucht ein **Kabel**.*

D oder T?

*Der Fahrer muss noch **tanken**. – Das Auto wird's ihm **danken**.*
*Die Möwen sitzen auf dem **Deich**. – Die Fische schwimmen in dem **Teich**.*
*Zum Heizen nahm man früher **Torf**. – Ein kleiner Ort, das ist ein **Dorf**.*

B oder P?

*Opa soll den Koffer **packen**. – Oma muss noch Kuchen **backen**.*
*Ein Dino frisst ein grünes **Blatt**. – Er tritt die ganze Wiese **platt**.*
*Die Vögel wollen Körner **picken**. – Sie schau'n sich um mit vielen **Blicken**.*

Weitere Ideen:

- Lassen Sie die Kinder die Reimwörter in den zusammenhängenden Sätzen vertauschen und deutlich sprechen. Dazu lesen Sie zunächst noch einmal die richtigen Sätze vor. Mit dieser Übung wird den Kindern deutlich, wie ein Buchstabe den Sinn eines Satzes verändern kann, und es macht außerdem Spaß.
- Legen Sie an der Tafel eine Übersicht mit den gesuchten Buchstaben und den dazugehörigen Wörtern an. Mithilfe dieser Übersicht können die Kinder die Wörter noch einmal deutlich sprechen üben.
- Sie können mit Fortgeschrittenen diese Übung auch mit Inlauten durchführen, z. B. *Der Tag geht bald zu **Ende**. – Zur Ruh geht auch die **Ente**.*
*Die Kühe stehen auf der **Weide**. – Man sieht sie bis in ferne **Weite**.*

9. Was hat der Krake angestellt?

So geht es:

In diesem Gedicht sollen die Kinder in der zweiten Hälfte sinnvolle Reimwörter ergänzen. Dabei müssen sie sich für den Anlaut **S** oder **Sch** entscheiden und diesen richtig einsetzen. Sie lesen die Reimgeschichte bis zu der erstmaligen Frage: „Was hat der Krake angestellt in der schönen Meereswelt?" vollständig vor. Danach lassen Sie jeweils das Reimwort beim Vorlesen weg, welches die Kinder ergänzen.

Ein S und ein Sch, die wollten Urlaub machen.
Sie hüpften aus dem Alphabet und packten ihre Sachen.
Sie fuhren mit dem Zug ans Meer,
aufs Baden freuten sie sich sehr.
Doch am zweiten Urlaubstage
kam ein dicker Riesenkrake.
Der fraß die beiden auf, oh Schreck.
Das S und Sch, nun war'n sie weg.
Was hat der Krake angestellt
in der schönen Meereswelt?
*Auf dem Wasser fuhren _**iffe**,*
*keine Segler, keine ... **(Schiffe)**.*
*Eine Fischart hieß nun _**olle**,*
*früher nannte man sie ... **(Scholle)**.*
*Überall schwammen _**ardinen**,*
*vergeblich suchte man ... **(Sardinen)**.*
*Der Delfin fand einen _**eestern**,*
*wollte eigentlich zum ... **(Seestern)**.*
*Bei den Korallen stand ein _**wertfisch**,*
*wäre gern wieder ein ... **(Schwertfisch)**.*
*Auf dem Grund kroch eine _**necke**,*
*jeder kannte sie als ... **(Schnecke)**.*
*Das Wasser war nun trüb und _**alzig**,*
*war doch sonst immer ganz ... **(salzig)**.*
*Am Strand lag tonnenweise _**and**,*
*verschwunden war der weiche ... **(Sand)**.*
*Auf das Meer schien nur die _**onne**.*
*Es gab nicht mal mehr die ... **(Sonne)**.*
Was hat der Krake angestellt
in der schönen Meereswelt?

9. Was hat der Krake angestellt?

Weitere Ideen:

- In der Geschichte werden Meerestiere genannt. Fordern Sie die Kinder auf, weitere Meerestiere oder Tiere allgemein zu nennen, welche die Laute S und Sch im Anlaut, Inlaut oder Endlaut beinhalten.
  Beispiel S: Seepferdchen, Languste, Krebs
  Beispiel Sch: Schildkröte, Muschel, Fisch

- Sind die Kinder mit Freude dabei, schlagen Sie weitere Themengebiete vor oder lassen Sie die Kinder ein Thema aussuchen, zu welchem sie Wörter mit S oder Sch finden möchten.

Kapitel 1

10. Prinzessin Kiki hieß nun ...?

So geht es:

Fordern Sie die Kinder auf, in dem Abschnitt der Geschichte, der in Reimen formuliert ist, mithilfe des Lautes K die sich ergebenden Reimwörter zu bilden. Sprechen Sie vorher mit den Kindern ab, ob alle das Reimwort rufen sollen oder immer nur ein Kind an der Reihe ist.

Es waren einmal ein König und eine Königin, die hatten eine Tochter namens Kiki. Prinzessin Kiki tanzte allen auf der Nase herum, ihren Eltern, den Dienern, ja sogar dem strengen Lehrer. Auf niemanden hörte sie. Prinzessin Kiki machte, was sie wollte. An einem schönen Sommertag saß Kiki im Schulzimmer und mühte sich mit dem Lesenlernen. Heute sollte sie den Buchstaben K lernen. Ihr Lehrer hatte sich extra dafür die Mühe gemacht und in der königlichen Küche ein großes K aus Kuchenteig backen lassen. Doch Kiki hatte keine Lust zum Lernen. Wozu brauchte eine Prinzessin diesen blöden Buchstaben?

Kiki stand auf, ging zu dem gebackenen K, gab ihm einen Fußtritt und es flog in hohem Bogen zum Fenster hinaus. Sofort stürzten sich die Hunde darauf und das K war weg, bis auf den letzten Krümel. Prinzessin Kiki stellte fest: „Damit ist der Unterricht für heute beendet" und stolzierte aus dem Zimmer.

Die Folgen hatte sie nicht bedacht, darum hört jetzt einmal, was dann geschah.

Die Prinzessin rief man _i_i,
keiner nannte sie mehr ... **(Kiki).**
Auf dem Kopf saß eine _rone,
verschwunden war die gold'ne ... **(Krone).**
Zum Anziehn gab es nur noch _leider,
fort die wunderschönen ... **(Kleider).**
Ihr Silberschmuck war neu und _ostbar,
aber leider nicht mehr ... **(kostbar).**
Ihr Vater war ein alter _önig,
vermisst wurde der wahre ... **(König).**
Der Hofnarr fand das alles _omisch,
nicht wie sonst besonders ... **(komisch).**
Zum Frühstück gab es jetzt _a_au,
niemals mehr heißen ... **(Kakao).**
Denn in der Küche stand ein _och,
alle suchten nach dem ... **(Koch).**
Am Nachmittag gab's nur noch _uchen,
keiner backte einen ... **(Kuchen).**
Zum Spielen hatte sie jetzt _inder,

10. Prinzessin Kiki hieß nun ...?

nirgends sah man andere ... *(Kinder)*.
Ihr blieb nur die schwarze _**atze**,
früher war es eine ... *(Katze)*.

Die Prinzessin sah bald ein: „So kann's nicht weitergehn, oh nein.
Ich backe jetzt ein großes K und dann ist alles wieder da."

Weitere Ideen:

- Ersetzen Sie den Anlaut K durch einen anderen Konsonanten und erzählen Sie mit den Kindern eine unsinnige Quatschgeschichte.
- Fordern Sie die Kinder auf, die folgenden unvollständigen Wörter aus der Geschichte durch andere Laute/Buchstabenkombinationen zu ergänzen, sodass das Wort einen Sinn ergibt. Legen Sie dazu ein Tafelbild an.

Kiki	_i_i	Lilli, Mimi, Sissi
Koch	_och	doch, Loch, noch
Kuchen	_uchen	Buchen, suchen, fluchen
Katze	_atze	Fratze, Tatze, Glatze
Kinder	_inder	Blinder, Finder, Rinder

Tipp:

Sprechen Sie besonders bei den unvollständigen Wörtern deutlich und langsam, damit die Kinder das richtige Wort finden können.

Kapitel 1

11. Finjas Ferien

So geht es:

Fordern Sie die Kinder auf, während des Vorlesens der Geschichte genau zuzuhören und sich die Namen der vorkommenden Personen zu merken.

Variante 1: (wenn die Kinder noch nicht alle Buchstaben kennen)
Anschließend tragen die Kinder gemeinsam die Vornamen zusammen. Welche beginnen mit dem Anlaut **F** und welche mit dem Anlaut **W**?

Variante 2: (wenn die Kinder alle Buchstaben kennen)
Legen Sie an der Tafel eine Tabelle an und lassen Sie die Kinder die Namen deutlich sprechen und richtig zuordnen.

F	W
Finja	Wanda
Felix	Winfried
Floriane	Willi
Fabian	Wiebke

Finja saß in ihrem Zimmer am Fenster und sah mit traurigem Blick hinaus. Was für ein langweiliges Wochenende. Niemand hatte Zeit für sie. Finja hörte, wie ihre Mama beim Staubsaugen sang, und musste stöhnen. Ihre Mama hatte zu tun. Papa musste im Betrieb arbeiten und Finjas große Schwester **Wanda** war wie fast jedes Wochenende auf dem Pferdehof. Sie hätte ja mitgehen können, doch Finja hatte Angst vor den großen Tieren. Finja stöhnte wieder.
Nicht mal ihre besten Freunde waren da. **Felix** war bei seiner Oma an der Ostsee und **Floriane** war zu einem Geburtstag eingeladen worden und vergnügte sich in einem Freizeitpark. Hätte der doofe **Fabian** sie nicht auch zu seinem Geburtstag einladen können? Finja stöhnte noch einmal.
Plötzlich klingelte das Telefon. Der Staubsauger ging aus und sie hörte ihre Mama reden. Ist sowieso nicht für mich, dachte Finja. Kein Mensch ist an diesem Wochenende zu Hause. Nur ich. Da stand Finjas Mama lächelnd in der Tür und fragte:
„Na, was machst du denn für ein Gesicht?"
„Mir ist so langweilig", maulte Finja.
„Gleich nicht mehr", sagte die Mama. „Onkel **Winfried** hat gefragt, ob du mit wandern gehen möchtest, mit Picknick und Grillen. Sie würden dich in einer halben Stunde abholen."
„Echt? Kommen die Zwillinge auch mit?", fragte Finja aufgeregt.

11. Finjas Ferien

*„Na klar. **Willi** und **Wiebke** sind überall dabei, wo es was zu Essen gibt."*
„Super!" Finja sprang begeistert auf. „Was muss ich mitnehmen?"
„Am besten packst du deinen blauen Rucksack."
Finja sprang zum Schrank, holte blitzschnell den Rucksack heraus und fing an, zu packen: eine Flasche mit Wasser, ein Fernglas, eine Wetterjacke …

Weitere Ideen:

- Fordern Sie die Kinder auf, sich weitere Vornamen mit dem Anfangsbuchstaben F und W auszudenken (z. B. Fanny, Fatima, Frank, Florian oder Wilma, Walli, Wendy, Werner) und lassen Sie diese deutlich aussprechen oder an der Tafel von den Kindern in die Tabelle eintragen.
Eine schwierigere Variante ist das Suchen von Namen, bei denen die Buchstaben In- oder Endlaute sind (z. B. Steffi, Ulf, Erwin …).
Lassen Sie auch Fantasienamen zu, damit die Kinder viele Namen finden können und mit Freude dabei sind, die Laute sprechen zu üben.
- Lassen Sie die Kinder Finjas Rucksack weiter packen. Fordern Sie sie auf, Gegenstände zu finden, die mit den Lauten F oder W beginnen oder diese beinhalten. Dabei ist es nicht wichtig, ob man diese Dinge bei einer Wanderung braucht. Es soll Spaß machen. Also warum nicht einen Wecker einpacken?

Tipp:

Kein Kind soll sich alle Namen merken. Lesen Sie die Geschichte trotzdem langsam vor, damit sich jedes Kind einige Namen merken kann.

12. Zungenbrecher

Material:

ein Notizblock, wenn Sie die anschließende Variante durchführen möchten

So geht es:

Zungenbrecher, auch Schnellsprechsätze genannt, bieten für die Kinder mehrere Möglichkeiten zum Üben und Sprechen.

- Wer kann den Satz fehlerfrei nachsprechen?
- Wer kann den Satz fehlerfrei ganz schnell nachsprechen?
- Wer kann den Satz fehlerfrei 3-mal hintereinander sagen?
- Wer kann die Wörter sinnvoll vertauschen?
- Welche Vertauschmöglichkeiten gibt es noch?

Blaue Blumen blühen prächtig.
(Prächtig blühen blaue Blumen.)
(Blühen blaue Blumen prächtig?)

Gespenstige Gespenster gespenstern gespenstig.
(Gespenstig gespenstern gespenstige Gespenster.)
(Gespenstern gespenstige Gespenster gespenstig?)

Die Katze kratzte mit der Tatze nach der Fratze.
(Nach der Fratze kratzte die Katze mit der Tatze.)
(Kratzte die Katze mit der Tatze nach der Fratze?)

Stern ist Stern und Sturm ist Sturm.
(Sturm ist Sturm und Stern ist Stern.)

Im Kochtopf kocht Kochklops.
(Kochklops kocht im Kochtopf.)
(Kocht im Kochtopf Kochklops?)

Weitere Idee:

Verteilen Sie an alle Kinder ein Blatt von einem Notizblock. Die Kinder falten das Blatt mehrmals zusammen und halten es dann mit den oberen und unteren Schneidezähnen fest. Dann versucht jedes Kind, einen Zungenbrecher zu sprechen. Zum Abschluss sprechen alle Kinder einen Spruch gemeinsam.

Kapitel 1

13. St oder Sp?

Material:
Stift und 2 Notizblätter für jedes Kind, wenn Sie die anschließende Variante durchführen möchten

So geht es:
Lesen Sie die Sätze einzeln vor, wobei Sie die Anlaute **Sp** und **St** bei den letzten Wörtern eines jeden Satzes weglassen. Fordern Sie die Kinder auf, sich für den richtigen Laut zu entscheiden und das Lösungswort auf Ihr Zeichen gemeinsam im Chor ganz deutlich zu sprechen.

> Die Fahne weht an einer _ange **(Stange)**.
> Das Mädchen trägt im Haar die _ange **(Spange)**.

> Ich mag besonders Eis am _iel **(Stiel)**.
> Du magst Schach, ein schweres _iel **(Spiel)**.

> Der Junge trödelt, kommt zu _ät **(spät)**.
> Ein Rehkitz auf der Lichtung _eht **(steht)**.

> Ich höre eine leise _imme **(Stimme)**.
> Mein Freund denkt, ich _inne **(spinne)**.

> Mama sagt, Geld soll man _aren **(sparen)**.
> Im Garten picken viele _are **(Stare)**.

Weitere Ideen:
- Um möglichst alle Kinder zum Nachdenken zu motivieren und zu aktivieren, lassen Sie sie je zwei kleine Zettel mit den Lauten anfertigen. Bei dieser Variante sollen die Kinder die Wörter nicht laut sagen, sondern jedes Kind hält den Zettel mit dem richtigen Laut hoch. Haben Sie die Richtigkeit bei allen Kindern geprüft, können Sie das Wort gemeinsam auf Kommando sagen.
- Fordern Sie die Kinder auf, sich kurze Sätze auszudenken, bei denen jedes Wort mit den Lauten **St** oder **Sp** beginnt, z. B. „Spatzen spielen Spiele" oder „Steine stinken ständig". Dabei ist es nicht so wichtig, ob der Satz sinnvoll ist. Es darf auch gelacht werden.

14. Zauberspruch

So geht es:

Sprechen Sie den Zauberspruch erst vor, danach sprechen die Kinder im Chor mit. Fordern Sie die Kinder auf, andere Wörter für „Spucke, Sperling, Stinketier" zu finden, die mit den Lauten **St** oder **Sp** beginnen oder diese beinhalten. Lassen Sie die Kinder den Spruch mit den neuen Wörtern sprechen.

***Sp**innenbein und Mäuse**sp**eck,*
*ich zaub're jedes **Sp**ielzeug weg.*
*Hagel**st**ern und **St**urmgebraus,*
*aus jedem **St**uhl mach ich 'ne Maus.*
***Sp**ucke, **Sp**erling, **St**inketier,*
ja, das mach ich jetzt aus dir.

Weitere Ideen:

- Fordern Sie die Kinder auf, zu einem Wort mit **St** und einem Wort mit **Sp** im Anlaut möglichst viele verwandte Wörter zu finden, z. B.
    - das Spiel, spielen, verspielt, der Spieler ...
    - die Stimme, die Stimmung, stimmen, bestimmen ...
- Lassen Sie die Kinder ihnen bekannte Zaubersprüche nennen. Sind darin auch Wörter mit **Sp** oder **St** versteckt? Lassen Sie dazu den genannten Zauberspruch noch einmal ganz langsam von dem Kind aufsagen.

Tipp:

Damit es nicht langweilig wird, lassen Sie die Kinder den Spruch in verschiedenen Stimmungen sprechen, z. B. geheimnisvoll, böse, gebieterisch ...

Kapitel 1
15. ABC-Gedicht

So geht es:

Sie lesen das Alphabet mit den dazugehörigen Reimen vor. Anschließend lesen Sie immer nur eine Buchstabenfolge und den folgenden Satz ohne das Reimwort vor. Ein Kind ergänzt das Reimwort. Es können auch alle gemeinsam im Chor sprechen.

ABC	Vom Himmel regnet's **Tee**.
DEF	Mein Zwerghase heißt **Jeff**.
GHI	Der Tiger macht **Pipi**.
JKL	Schnecken sind ganz **schnell**.
MNO	Die Maus sitzt auf dem **Klo**.
PQR	Ein Flugzeug schwimmt im **Meer**.
STU	Du fliegst auf einer **Kuh**.
V und W	Im Sommer gibt es **Schnee**.
XYZ	Im Urwald steht ein **Bett**.

Weitere Ideen:

- Wer traut sich zu, das gesamte Alphabet mit den Reimen vorzutragen?
- Fordern Sie die Kinder auf, sich allein oder mit einem Partner einen Reim auf eine Buchstabenfolge auszudenken und diesen vorzutragen.

Gut zu wissen:

Diese unsinnigen Reime helfen den Kindern, sich die Reihenfolge des Alphabets besser einzuprägen.

Kapitel 1

16. Von A bis Z im Zirkus

Material:
wenn Sie die schriftliche Variante wählen, einen Stift und einen Zettel für jedes Kind bzw. das Deutschheft

So geht es:
Lesen Sie die Sätze einzeln vor und fordern Sie die Kinder auf, den Buchstaben zu nennen, der am Anfang eines jeden Wortes vorkommt. Sprechen Sie vorher mit den Kindern ab, ob immer nur ein Kind an der Reihe ist oder alle gemeinsam den Anfangsbuchstaben rufen. Anschließend sprechen alle Kinder den Satz im Chor.

Eine andere Möglichkeit ist das schriftliche Arbeiten. Lesen Sie die Sätze einzeln, aber vertauscht vor. Jedes Kind schreibt die Anfangsbuchstaben nacheinander auf. Sie notieren die Anfangsbuchstaben an der Tafel. Anschließend vergleichen Sie, indem Sie die Sätze noch einmal betont vorlesen und die Kinder mitsprechen.

*A*lle Affen aßen abends Ananas, aber Affe Anton aß Apfelkuchen.
*B*egeisterte Besucher beobachten braune Bären.
*D*ie Dompteurin dachte, dass die Dackel dösen.
*E*lefant Eduard erzählt Eselsdame Elfriede echte Erlebnisse.
*F*erkel Felix findet fünf fruchtige Feigen.
*G*erade grüßen Gaukler glückliche Gäste.
*H*und Hasso hat häufig heftigen Husten.
*I*m italienischen Imbisswagen ist irgendein Insekt.
*J*unge Jaguare jagen jeden Juni Johannisbeeren.
*K*assiererin Katrin kaut kräftig knackende Kürbiskerne.
*L*öwe Leo liebt leckeres Lammfleisch.

16. Von A bis Z im Zirkus

*M*uskelmann Matthi matscht manchmal mächtig mit Melonen.
*N*eulich Nacht niesten neun Nasen nach Norden.
*O*stern operiert Oma oder Opa Otter Otto.
*P*avian Paul pellt pinke Pampelmusen.
*Q*uatschkopf Quinn quirlt Quittenquark.
*R*iesige Ringer rollen ratternde, rote Räder ringsherum.
*S*eiltänzer Silvio sucht seit Sonntag sein Seil.
*S*chlangenfrau Schilas schöne, schwarze Schlange schläft schon.
*T*äglich toben 1 000 tolle Tiger tüchtig.
*U*lla und Uwe umschwärmen unsere ulkigen Uhus.
*V*iktoria versorgt viele Vierbeiner vorzüglich.
*W*ärter Willi wird wütend, wenn wieder wilde Widder weglaufen.
*Z*irkusdirektor Zacharias zieht zügig zwei Ziegen zum Zirkusplatz zurück.

Weitere Ideen:

Diese Sätze bieten vielfältige Möglichkeiten, um die phonologische Bewusstheit und Artikulation der Kinder spielerisch zu fördern.

- Jedes Kind bildet einen Drei-Wort-Satz, bei dem jedes Wort mit dem Anfangsbuchstaben seines Vornamens beginnt.
- Die Kinder bilden nach dem obigen Muster selbst Sätze zu möglichst vielen Buchstaben des ABC, wenn sie schon schreiben können.
- Die Kinder sprechen einzelne Sätze gemeinsam oder im Chor als Schnellsprechsätze.
- Die Kinder sprechen die Sätze in unterschiedlichen Stimmungen nach, z. B. traurig, lustig, verschlafen, geheimnisvoll ...
- Die Kinder klatschen ihren gesprochenen Satz in Silben mit. Welcher Satz hat die meisten Silben?
- Die Kinder bilden einen Satz mit Fantasiewörtern, der durchaus wie eine fremde Sprache klingen darf.
- Die Kinder finden Wörter mit dem gleichen Anlaut zu einem bestimmten Themengebiet, z. B. Spielzeug, Nahrungsmittel ...

2. Silben und Wortbausteine

17. Montag, eins, zwei, drei

So geht es:

Lesen Sie zunächst alle Reime ohne das jeweilige Reimwort vor und fordern Sie die Kinder auf, die Reimwörter laut während des Vortrages zu ergänzen. Anschließend üben Sie das Bestimmen der Silben mithilfe des Reimwortes jedes einzelnen Reimes. Folgend ein Beispiel mit dem Reimwort „Ei":

- Sie lesen den Reim vor und fragen: „Was für ein Ei?"
- Ein Kind nennt ein zusammengesetztes Nomen, z. B. „Spiegelei".
- Sie fragen: „Wie viele Silben hat das Wort?"
- Alle Kinder sprechen und klatschen das genannte Wort in Silben im Chor.
- Sie fragen: „Wer kennt noch ein anderes Ei?"
- Ein anderes Kind nennt ein neues zusammengesetztes Nomen.
- Die Kinder bestimmen wieder die Silbenanzahl.
- Fallen den Kindern keine neuen Bestimmungswörter mehr ein, lesen Sie den nächsten Reim vor.

Montag, eins, zwei, drei,
*brate ich ein ... **(Ei)**.*   (Rührei, Osterei ...)
Dienstag, vier, fünf, sechs,
*die Hose hat 'nen ... **(Klecks)**.*   (Tintenklecks, Marmeladenklecks ...)
Mittwoch, sieben, acht,
*fahr ich mit der ... **(Jacht)**.*   (Motorjacht, Segeljacht ...)
Donnerstag, neun, zehn,
*kommen gute ... **(Feen)**.*   (Märchenfeen, Waldgeistfeen ...)
Freitag, elf und zwölfe,
*heul'n im Wald die ... **(Wölfe)**.*   (Grauwölfe, Monsterwölfe ...)
Samstag, Sonntag, eins, zwei, drei,
*ist die Woche schon ... **(vorbei)**.*

Weitere Ideen:

- Wenn die Kinder schreiben können, können Sie auch einige gefundene Wörter an die Tafel schreiben und für jede Silbe einen Punkt aufmalen. Die Kinder schreiben weitere Wörter und notieren die Silbenzahl.
- Fordern Sie die Kinder auf, andere Wörter aus einem bestimmten Themengebiet zu nennen, z. B. Lebensmittel. Lassen Sie verschiedene zusammengesetzte Nomen finden und die Silbenanzahl bestimmen.
- Der Vers eignet sich ohne Veränderungen auch, um die Wochentage zu lernen.

18. Was Kinder gern machen

Material:
ein Hut

Vorbereitung:
Die Kinder sitzen im Stuhlkreis oder im Kreis auf dem Boden.

So geht es:
Ein Kind setzt den Hut auf. Sie setzen den Namen dieses Kindes am Satzanfang des ersten Satzes ein und lesen den Satz vor, ohne ihn zu beenden. Das Kind überlegt sich ein passendes Nomen und beendet damit den Satz (in den Klammern unten finden Sie besonders lange Beispielwörter für die Variante). Anschließend spricht das Kind sein gewähltes Nomen noch einmal in Silben, klatscht dazu und nennt die Anzahl der Silben. Die anderen Kinder überprüfen die Richtigkeit. Dann gibt das Kind den Hut an seinen Nachbarn weiter und Sie lesen den nächsten Satz mit dessen Namen am Satzanfang vor.

... backt mit ihrer/seiner Oma gern ... **(Schokoladenkekse)**.
... liest am liebsten Tierbücher über ... **(Wüstenrennmäuse)**.
... fährt superschnell mit ihrem/seinem ... **(Seifenkistenrennauto)**.
... baut mit ihren/seinen Legosteinen tolle ... **(Riesenwolkenkratzer)**.
... malt großartige Bilder von ... **(Urzeitdinosauriern)**.
... musiziert mit ihrer/seiner neuen ... **(Mundharmonika)**.
... schwimmt sehr gern im ... **(Seerosenteich)**.
... spielt in einer Mannschaft ... **(Hallenfußball)**.
... wandert stundenlang durch das ... **(Elbsandsteingebirge)**.
... singt im Chor die schönsten ... **(Kinderlieder)**.
... hat als liebste Hunderasse ... **(Langhaardackel)**.
... knetet mit weicher Knete wunderbare ... **(Osterhasenfiguren)**.
... sammelt in einem Album Briefmarken von ... **(Meeresschildkröten)**.
... bastelt aus Papier die verschiedensten ... **(Segelflugzeuge)**.
... spielt mit Freunden auf der Wiese ein ... **(Autokartenspiel)**.
... fotografiert am liebsten ... **(Baustellenfahrzeuge)**.
... fädelt geschickt wunderschöne ... **(Perlenarmbänder)**.
... sammelt im Wald gern ... **(Knollenblätterpilze)**.
... erzählt den anderen Kindern gern gruselige ... **(Gespenstergeschichten)**.
... spielt mit ihrem/seinem Papa abends ... **(Computerspiele)**.

18. Was Kinder gern machen

... baut am Strand tolle ... **(Sandburgenstädte).**
... isst am allerliebsten ... **(Aprikoseneiscreme).**
... trinkt sehr gern kalte ... **(Himbeerlimonade).**
... macht Puzzlespiele mit Bildern von ... **(Zeichentrickfilmfiguren).**
... schnitzt mit ihrem/seinem Messer die schönsten ... **(Holzspielzeugfiguren).**
... fährt in den Ferien gern nach ... **(Zuffenhausen).**
... fand neulich im Müll eine/einen ... **(Spaghettieispressautomaten).**
... kaufte von seinem/ihrem Geburtstagsgeld ... **(Schokoladenmuffins).**
... trifft sich gern mit anderen Kindern im ... **(Spielplatzholzhäuschen).**
... wird später mal ... **(Dromedarrennreiter).**

Weitere Ideen:

- Lesen Sie die Sätze noch einmal vor und fordern Sie die Kinder auf, möglichst lange Wörter mit vielen Silben für die Satzenden zu finden. Sprechen und klatschen Sie diese gemeinsam mit den Kindern in Silben und lassen Sie die Kinder die Silbenanzahl bestimmen. Welches Wort hatte die meisten Silben?
- Teilen Sie die Kinder in Kleingruppen. Jede Gruppe denkt sich zu einem von Ihnen zugeteilten Satz möglichst viele mögliche Nomen aus, mit denen der Satz sinnvoll beendet werden kann. Anschließend stellt jede Gruppe ihre Ergebnisse vor und alle klatschen gemeinsam die gefundenen Wörter in Silben.

Tipp:

Wenn Sie die Interessen der Kinder Ihrer Klasse kennen, lesen Sie die Sätze nicht der Reihe nach vor, sondern wählen Sie passend zu jedem Kind einen Satz aus.

Gut zu wissen:

Es sind 30 Sätze.
Eine besondere Herausforderung stellt es dar, bei Sätzen mit vorgegebenen Possesivpronomen oder Artikeln ein passendes Nomen zu ergänzen, z. B. bei „Tina fährt superschnell mit ihrem *Fahrrad*." Ein feminines Nomen würde hier nicht passen. Beachten Sie dies, wenn Sie in Ihrer Lerngruppe Kinder haben, die im Deutschen unsicher sind.

Kapitel 2

19. Haustiertag in der Zauberschule

Material:
ein Stift und eine Kopie der Geschichte, wenn Sie nicht in dieses Buch schreiben möchten

So geht es:
Setzen Sie beim Vorlesen der Geschichte in die markierten Felder .... die Vornamen der anwesenden Kinder ein und fordern Sie die Kinder auf, sich ihr Haustier zu merken. Nach dem Vorlesen nennt jedes Kind sein Haustier. Es zerlegt den Namen in Silben und klatscht dazu. Anschließend sprechen und klatschen alle Kinder gemeinsam. Wie viele Silben hat das Wort?

Heute sind wir nicht in unserer Schule, sondern in der Schule für Zauber- und Hexenkünste. Und ihr seid die Schüler, kleine Hexen und Zauberer. In so einer Schule wird es nie langweilig. Immer passieren spannende und interessante Dinge: Mal explodiert ein Klassenzimmer, mal fliegen alle Fenster davon, mal erwachen die Stühle zum Leben und die Schüler reiten darauf nach Hause. Heute ist wieder ein ganz besonderer Tag in unserer Zauber- und Hexenschule. Alle Kinder der Klasse 1 haben ihre Haustiere mitgebracht, denn heute ist Haustiertag. Nun denkt ihr vielleicht, das ist doch schön, ein paar Mäuse oder Meerschweinchen anzusehen. Doch kleine Zauberer und Hexen haben andere Haustiere als normale Kinder. Unser Klassenzimmer ist nun voller Schüler und allerlei Tiere und es riecht und hört sich an wie im Zoo.

*An der Decke sitzt eine schwarze **Vogelspinne**. Die gehört .... Neben*

*dem Papierkorb hockt ....s **Ratte** und knabbert an einem Apfelrest.*

*An der Lampe schaukelt der brüllende **Affe** von ....*

*..................... streichelt ihrem/seinem **Löwen**, der neben ihr/ihm sitzt, das*

*goldene Fell. Der zweiköpfige **Drache** von ....schlägt aufgeregt mit*

seinen Flügeln. .... hat Angst, dass er gleich Feuer spuken wird, und

*hält ihre/seine grüne **Katze** ganz fest. Auf ....s Schulter sitzt ihre/seine*

Schleiereule** und schläft gemütlich. Und .... lässt ihren/seinen **Blutegel

*über die Hand spazieren. Die fette **Erdkröte** von .... leckt sich das Maul*

und würde den Egel zu gern fressen. Auf ....s Kopf hat sich ihr/sein

***Mistkäfer** eine bequeme Kuhle aus Haaren gebaut und ist kaum zu sehen.*

19. Haustiertag in der Zauberschule

.... hat eine sprechende **Schlange** mitgebracht, die sich andauernd beschwert, wie es hier stinkt. ....s riesige **Kellerassel** flitzt in der Federmappe hin und her und untersucht alle Stifte. Neben dem Lehrertisch stehen sich ....s **Hyäne** und ....s **Hängebauchschwein** bedrohlich gegenüber und knurren sich an. Das beobachtet ganz gespannt das rosa gepunktete **Krokodil** von ....

Das **Stinktier**, das .... gehört, läuft von Ecke zu Ecke und hinterlässt überall seinen Duft. Das ist ....s **Regenwurm** und ....s **Nacktschnecke** egal. Die beiden können nichts riechen. .... kriecht auf dem Fußboden herum. Sie/er sucht ihren/seinen **Tausendfüßler**, der spurlos verschwunden ist. ....s **Fledermaus** ist das alles zu viel. Sie hängt an der Tafel und hat den Kopf eingezogen. So eine Aufregung, so einen Gestank und so ein Durcheinander ist sie nicht gewöhnt. Wer gehört hier zu wem? Wisst ihr es noch?

Weitere Ideen:
- Lassen Sie jedes Kind seinen „Titel", Vornamen und Nachnamen sprechen und in Silben klatschen, z. B. He-xe Mai-ka Hoff-mann oder Zau-be-rer Ti-mo Schrö-der.
- Jedes Kind denkt sich ein neues Tier aus, mit einer vorher von Ihnen bestimmten Silbenanzahl, und spricht es in Silben.
- Die Kinder werden in Kleingruppen aufgeteilt. Jede Gruppe erhält eine bestimmte Silbenanzahl genannt, zu der die Kinder möglichst viele Tiere finden.
- Wer findet den Tiernamen mit den meisten Silben?

Tipps:
- Es sind 20 Vornamen einsetzbar. Sind nicht so viele Kinder anwesend, lassen Sie den Rest der Geschichte weg und lesen zum Schluss nur die beiden Fragesätze vor.
- Setzen Sie die Namen der Kinder in der Reihenfolge ihrer Sitzplätze ein, damit Sie kein Kind vergessen.

20. Wir reisen durch die Welt

Vorbereitung:

Die Kinder sitzen im Stuhlkreis, wobei der Abstand zwischen den einzelnen Stühlen so groß sein sollte, dass die Kinder von Stuhl zu Stuhl einen großen Schritt machen können.

So geht es:

Sie stehen im Innenkreis vor einem sitzenden Kind. Sie beginnen das Spiel mit dem ersten Satz: „Ich fahre mit der Straßenbahn zum Alexanderplatz." Die Kinder rufen im Chor: „Wie bitte?"
Sie wiederholen nur das letzte Wort, wobei Sie dieses mit deutlicher Silbentrennung sprechen und für jede Sprechsilbe einen Schritt von Stuhl zu Stuhl machen.
Das Kind, vor dem Ihr Wort endet, tauscht mit Ihnen den Platz und ist nun an der Reihe, sich einen Ort oder eine Person zum nächsten Satzanfang auszudenken, den Sie vorsprechen. Hat das Kind ein Wort genannt, rufen die anderen wieder: „Wie bitte?" Nun schreitet dieses Kind mit laut gesprochenen Silben von Stuhl zu Stuhl.

Ich fahre mit der Straßenbahn ...
Ich reite mit dem Pferd ...
Ich fliege mit dem Flugzeug ...
Ich segle mit dem Schiff ...
Ich fahre mit dem Motorrad ...
Ich wandere mit dem Stock ...
Ich fliege mit der Rakete ...
Ich radle mit dem Mountainbike ...
Ich fahre mit dem Bus ...
Ich rudere mit dem Boot ...
Ich fliege mit dem Hubschrauber ...
Ich rase mit dem Rennauto ...
Ich rolle auf dem Skateboard ...
Ich reite auf dem Elefanten ...
Ich segle mit dem Gleitschirm ...
Ich tuckere mit dem Traktor ...
Ich rolle mit dem Roller ...
Ich fahre mit der U-Bahn ...
Ich sause mit dem Schnellzug ...
Ich tauche mit dem U-Boot ...

20. Wir reisen durch die Welt

Weitere Ideen:

- Kinder, die bereits eine Ortsangabe genannt haben, können sich hinter den Stuhl stellen. Beim Abzählen zählen dann nur noch die besetzten Stühle und die Kinder müssen größere Schritte machen. So stellen Sie sicher, dass jedes Kind mitspielen kann.
- Dieses Spiel können Sie unabhängig von den Ortsangaben mit einer Wortkette durchführen. Sie beginnen mit einem zusammengesetzten Nomen. Das Kind, bei welchem Ihre Schrittfolge endet, denkt sich mithilfe des letzten Wortes ein neues zusammengesetztes Nomen aus, z. B. Schranktür– Türschloss – Schlossteich – ...

Tipps:

- Motivieren Sie die Kinder, möglichst lange Wörter mit vielen Silben zu finden, damit sie weit „reisen" können.
- Viele Kinder, die Deutsch nicht als Muttersprache sprechen oder sprachlichen Förderbedarf haben, haben Schwierigkeiten mit den Präpositionen bei Lokalangaben. Thematisieren Sie dies ggf. noch einmal gesondert.
  Im Allgemeinen gelten die Regeln:
  - bei Personen: zu/zum/zur ⇨ zu Frau Meier, zu Maja, zum Arzt
  - bei Ortsangaben: zu/zum/zur ⇨ zu/zum Aldi, zur Schule, zum Schwimmbad, zum Goetheplatz
  - bei Städten und Ortschaften: nach ⇨ nach Berlin, nach Neustadt
  - bei Ländernamen ohne Artikel und bei Kontinenten: nach ⇨ nach Deutschland, nach Asien
  - bei Ländernamen mit Artikel: in + Artikel (Akk.) ⇨ in die Schweiz, in die Türkei, in den Sudan

21. Wortbausteine-Puzzle

Kapitel 2

Material:
Wortbausteine-Karten, evtl. größer kopiert (S. 40)

Vorbereitung:
Die Kinder sitzen im Stuhlkreis. In der Mitte des Kreises liegen drei verdeckte Kartengruppen: Vorsilben, Wortstämme und Endungen.

So geht es:
Immer ein Kind, der Reihe nach, führt folgende Handlungen aus:
- Aus jeder Kartengruppe eine Karte auswählen.
- Die Karten aufgedeckt zu einem Wort zusammenlegen und dabei beachten: zuerst die Vorsilbe, dann der Wortstamm und zum Schluss die Endung.
- Die Silben laut vorlesen.
- Entscheiden, ob es das Wort gibt oder nicht, also „falsch" oder „richtig" sagen.
- Ist es ein richtiges Wort, sprechen und klatschen alle Kinder gemeinsam das Wort in Silben.
- Die Karten wieder verdeckt in die richtige Gruppe zurücklegen.

Weitere Ideen:
- Bilden Sie mit den Kindern Kleingruppen. Jede Gruppe erhält eine Wortbaustein-Karte mit einem Wortstamm. Die Vorsilben und Endungen schreiben Sie für alle Kinder sichtbar an die Tafel. Welche Kleingruppe findet die meisten Wortbildungen mit ihrem Wortstamm?
- Wenn Sie mit den Kindern auch schon zu Wortarten gearbeitet haben, können Sie die entstandenen Wörter auf kleine Kärtchen schreiben lassen und hinterher mit den Kindern sortieren. Welche Endungen findet man immer bei einer bestimmten Wortart?

Tipps:
- Wenn Sie die Karten auf der Rückseite farbig markieren, fällt es leichter, die Wortbausteine in den richtigen Gruppen sortiert zu halten.
- Weisen Sie die Kinder darauf hin, dass Wortbildungen mit der Endung -ung Nomen sind und diese am Wortanfang groß geschrieben werden. Lassen Sie die Kinder die Artikel dieser Nomen nennen.

Wortbausteine-Karten

Vorsilben	Wortstämme	Endungen
be	brech	en
ver	bau	lich
zer	denk	ung
Be	sprech	bar
Ver	geb	en
Zer	setz	
ab	such	

3. Wortarten

Kapitel 3

22. Meine Familie

So geht es:

Bei diesem Text sollen die Kinder Ableitungen finden: Jeweils das Nomen am Satzende wird aus dem Wortstamm des Verbs gebildet. Sie lesen je einen Satz vor, wobei Sie das Nomen am Satzende weglassen. Die Kinder rufen das gesuchte Wort laut im Chor.

Zu meiner Familie gehören viele Personen. Doch Papa ist nicht nur Papa und Mama ist nicht nur Mama. Jeder kann jeden Tag und jede Stunde etwas anderes sein.

*Wenn Papa das Essen **kocht**, ist er ein ... **(Koch)**.*
*Wenn Mama ein Kleid **näht**, ist sie eine ... **(Näherin)**.*
*Wenn mein Bruder ein Bild **malt**, ist er ein ... **(Maler)**.*
*Wenn meine Schwester ein Lied **singt**, ist sie eine ... **(Sängerin)**.*
*Wenn mein Opa auf dem Sofa **schläft**, ist er ein ... **(Schläfer)**.*
*Wenn meine Oma in der Küche **tanzt**, ist sie eine ... **(Tänzerin)**.*
*Wenn mein Onkel mit dem Auto **fährt**, ist er ein ... **(Fahrer)**.*
*Wenn meine Tante ein Buch **liest**, ist sie eine ... **(Leserin)**.*
*Wenn mein Cousin eine Geschichte **hört**, ist er ein ... **(Hörer)**.*
*Wenn meine Cousine Postkarten **sammelt**, ist sie eine ... **(Sammlerin)**.*

Weitere Ideen:

- Fordern Sie die Kinder auf, weitere Nomen zu einem Wortpaar aus diesen Sätzen zu finden, z. B.: malen – der Maler, die Malerin, die Malerei, der Malpinsel. Legen Sie an der Tafel eine Tabelle mit den gefundenen Wörtern an und markieren Sie oder die Kinder den Wortstamm in jedem Wort.
- Fordern Sie die Kinder auf, zu anderen Verben ein männliches und ein weibliches Nomen zu finden. Dazu eignen sich folgende Verben: schwimmen, arbeiten, backen, denken, zaubern, fangen, heizen, helfen, laufen, springen, wählen, spielen.
- Fordern Sie die Kinder auf, sich ein Wortpaar aus Verb und Nomen mit gleichem Wortstamm auszudenken. Lassen Sie dabei auch nicht so ernst zu nehmende Wortbildungen zu, denn es soll den Kindern Spaß machen.
- Fordern Sie die Kinder auf, über sich in Form eines Nomens zu erzählen (mündlich oder auch schriftlich). Was kann jedes Kind sein? Ein Fußballer? Ein Kasper?

Kapitel 3

23. Eine schöne Bescherung!

Vorbereitung:

Kopieren Sie die Geschichte einmal. Tragen Sie an den so gekennzeichneten Stellen (..................) die Vornamen der anwesenden Kinder ein.

So geht es:

- Erzählen Sie den Kindern, dass Sie gemeinsam mit ihnen eine Quatschgeschichte erzählen wollen, die Geschichte jedoch noch nicht fertig ist.
- Fordern Sie die Kinder auf, Gegenstände zu nennen, die man in Küche und Bad sehen kann.
- Lassen Sie jedes Kind, der Reihe nach, ein Nomen nennen.
- Tragen Sie die genannten Wörter der Reihe nach an den so markierten Stellen (_ _ _ _ _ _ _ _) ein.
- Lesen Sie die entstandene Quatschgeschichte vor.

Endlich klopfte es an der Tür. Im Klassenzimmer war augenblicklich Ruhe. Alle Kinder sahen gespannt auf die Tür. Dann trat er ein, der Weihnachtsmann. Auf dem Kopf trug er ein/eine/einen _ _ _ _ _ _ _ _. In der einen Hand hielt er einen großen Sack, in der anderen ein/eine/einen _ _ _ _ _ _ _ _. Aus seiner rechten Manteltasche schaute ein/eine _ _ _ _ _ _ _ _ heraus und aus der linken zwinkerte den Kindern ein/eine _ _ _ _ _ _ _ _ zu. Das war schon ein seltsamer Weihnachtsmann, doch Hauptsache, er brachte Geschenke mit.

Der Weihnachtsmann lächelte freundlich und stellte seinen Sack auf dem/der _ _ _ _ _ _ _ _ ab. .... und .... kicherten hinter vorgehaltener Hand. .... zeigte .... heimlich einen Vogel und nickte zum Weihnachtsmann. Der Klassenlehrer, Herr Ulkig, stimmte ein fröhliches Weihnachtslied an und gemeinsam sangen alle das Lied vom verschneiten _ _ _ _ _ _ _ _. Dann endlich öffnete der Weihnachtsmann seinen Sack und fing an, die Geschenke zu verteilen. .... und .... bekamen wunderschöne _ _ _ _ _ _ _ _. Für .... und .... holte er kostbare _ _ _ _ _ _ _ _ heraus.

Kapitel 3 - Wortarten 43

23. Eine schöne Bescherung!

.... und .... freuten sich über kleine _ _ _ _ _ _ _ _.

.... und .... strahlten über das ganze Gesicht, als der Weihnachtsmann ihnen ein/eine/einen _ _ _ _ _ _ _ _ überreichte. Auch an

.... und .... hatte er gedacht. Ihnen schenkte der sonderbare Mann rosafarbene _ _ _ _ _ _ _ _ mit bunten _ _ _ _ _ _ _ _ daran. ....

und .... schauten erst neidisch auf die tollen Geschenke. Doch dann bekamen sie etwas viel Schöneres: zwei goldene _ _ _ _ _ _ _ _.

Nun war der Sack leer. Einige Kinder hatten jedoch noch kein Geschenk bekommen. Da schmunzelte der Weihnachtsmann geheimnisvoll, ging aus dem Zimmer und kam mit einem großen Karton zurück. Vorsichtig und langsam öffnete er den Deckel und ein/eine sprechend/es/e/er _ _ _ _ _ _ _ _ sprang heraus und dann direkt zu

.... Und ...., ..., ...,

...................., ... *(an dieser Stelle die Namen der restlichen Kinder eintragen)* gingen auch nicht leer aus. Jeder erhielt ein /eine/ einen computergesteuert/es/e/en _ _ _ _ _ _ _ _.

Nun lag nur noch ein klitzekleines Geschenk in dem Karton. Der Weihnachtsmann nahm es feierlich heraus und ging damit zu Herrn Ulkig. Der machte riesige Augen und nahm sein Geschenk freudig entgegen: ein/eine/einen bunt schillernd/es/er/e

_ _ _ _ _ _ _ _.

Weitere Ideen:

- Erzählen Sie gemeinsam mit den Kindern eine neue Quatschgeschichte. Tragen Sie die Vornamen der Kinder in veränderter Reihenfolge in eine weitere Kopie ein und lassen Sie die Kinder Nomen aus anderen Themenbereichen nennen, z. B. Zirkus.
- Machen Sie gemeinsam mit den Kindern aus der Quatschgeschichte eine richtige Geschichte. Lesen Sie die Geschichte noch einmal vor und lassen Sie die Kinder an den gekennzeichneten Stellen sinnvolle Nomen einsetzen. Über welche Geschenke hätten sich die Kinder sehr gefreut?

Kapitel 3

24. Das Wolkenmeer

So geht es:

Sie lesen die Geschichte jeweils bis zu den in Klammern stehenden Wörtern vor. Die Kinder bilden passend zum Textinhalt zusammengesetzte Nomen, indem sie die Grundwörter während des Hörens der Geschichte rufen. Hier kommt es darauf an, dass die Grundwörter passen, es müssen nicht immer unbedingt die vorgeschlagenen sein.
Sprechen Sie vorher mit den Kindern ab, ob immer nur ein Kind, der Reihe nach, dran ist, die Kinder sich melden sollen oder jedes Kind seinen Wortvorschlag rufen darf.

*Gitta sauste mit ihrem Fahrrad durch die Stadt. Sie hatte es eilig. Gitta wollte nicht wieder zu spät im Stadtpark sein. Deshalb trat sie fest in ihre **Fahrrad...(pedale)** und klingelte die Fußgänger zur Seite, die sich zu breit machten auf dem schmalen **Fuß...(weg)**. Eine Oma sprang erschrocken herum und drohte Gitta mit ihrem **Regen...(schirm)**. Doch Gitta merkte nichts davon und radelte weiter.*
*Als sie ankam, konnte sie niemanden entdecken. Es war noch keiner ihrer **Schul...(freunde)** da. Gitta lehnte ihr Fahrrad an den großen **Linden...(baum)**. Sie sah auf ihre **Armband...(uhr)**. Gitta war viel zu früh da. Also machte sie es sich auf der Wiese bequem. Sie legte sich auf dem Rücken in das weiche Gras und schaute in den **Wolken...(himmel)**. Gitta mochte Wolken sehr, denn die erzählten immer wieder andere Geschichten. Die große Wolke, ganz links, sah aus wie ein Drache mit einem ganz langen **Drachen...(schwanz)**. Über dem Drachen schwebte eine **Suppen...(schüssel)**. Die vielen kleinen Wolken, genau über Gitta, sahen aus wie **Luft...(ballons)**.*
*Plötzlich schaute die Sonne hinter einer Wolke hervor und Gitta war wie geblendet von den hellen **Sonnen...(strahlen)**. Schnell machte sie ihre Augen zu und wartete darauf, dass die Sonne wieder hinter den Wolken verschwand. Als Gitta die Augen wieder öffnete, war der Drache weggeflogen. An seiner Stelle schwebte nun ein **Wolken...(krokodil)**. Das wurde verfolgt von einer **Gummi...(ente)**.*
*Was man alles am Himmel entdecken kann, dachte Gitta und sah fasziniert den vorbeiziehenden Wolken zu. Immer wieder sah sie neue Formen, die sich schnell veränderten. Da kam ein **Auto...(reifen)** geflogen, da eine **Geburtstags...(torte)**, dann eine **Hunde...(hütte)**, danach zwei sich umarmende **Riesen...(babys)** und dann ...*
„He, Gitta! Träumst du mit offenen Augen?", hörte Gitta plötzlich eine vertraute Stimme.

24. Das Wolkenmeer

Erschrocken sprang sie auf und sagte: „Träumen? Quatsch! Beobachten! Was meinst du, was da oben alles los ist?"
Und Gitta zeigte mit dem Daumen in das Wolkenmeer am Himmel.

Weitere Ideen:
- Fordern Sie die Kinder auf, nicht sinnvolle Grundwörter zu nennen, sondern lustige. So können Sie aus der Geschichte eine neue Quatschgeschichte machen.
- Suchen Sie ein zusammengesetztes Nomen aus der Geschichte aus und bitten Sie die Kinder, möglichst viele verschiedene Bestimmungswörter dazu zu finden. Dazu eignen sich besonders folgende Wörter: Uhr, Baum, Reifen, Torte. Erstellen Sie dazu ein Tafelbild in Form einer Blume, die Blütenmitte beinhaltet das Grundwort, die Blütenblätter die verschiedenen Bestimmungswörter.
- Bilden Sie mit den Kindern Kleingruppen. Jede Gruppe erhält ein Bestimmungswort aus der Geschichte und versucht schriftlich oder mündlich, möglichst viele zusammengesetzte Nomen damit zu finden. Dazu eignen sich besonders folgende Wörter: Fahrrad, Regen, Suppe, Auto, Hund, Geburtstag.
- Suchen Sie ein zusammengesetztes Nomen aus der Geschichte aus und fordern Sie die Kinder auf, eine lange Wortkette zu bilden, z. B. Lindenbaum – Baumhaus – Haustür – Türklinke ...

Kapitel 3

25. Traumfänger

So geht es:

Fordern Sie die Kinder auf, genau zuzuhören und besonders auf die richtige Form von Einzahl und Mehrzahl der Nomen zu achten. Erkennen die Kinder eine falsche Form, sollen sie laut mit den Füßen auf den Boden stampfen.

Sie lesen die Geschichte vor und stoppen sofort, wenn die Kinder stampfen. Ein Kind nennt die richtige Form und Sie wiederholen die entsprechende Wortgruppe mit dem richtigen Nomen. Anschließend lesen Sie weiter, bis die Kinder wieder stampfen.

Tipp:

Lesen Sie besonders die Wörter, die Auskunft über die Anzahl der gesuchten Nomen geben, langsam und deutlich vor.

Liv saß im Garten auf der Wiese und bog einen Ast hin und her. Sie überlegte, wie sie mit ihrem Traumfänger anfangen sollte.

*Was? Ihr wisst nicht, was ein Traumfänger ist? Bis gestern wusste Liv das auch nicht. Doch dann war sie mit ihrer Klasse in einem Indianermuseum und dort hatte sie ihn entdeckt und wollte sofort wissen, was und wozu dieses baumelnde **Dinge (Ding)** gut war.*

*Die Museumsdirektorin wusste viele **Geschichte (Geschichten)** über die Indianer, ihre Bräuche und Lebensweise zu erzählen. Sie erklärte Liv, dass die Indianer sehr geschickt waren. Alles stellten sie selbst her aus dem, was die Natur ihnen gab: die vielen **Werkzeug (Werkzeuge)**, die verschiedenen **Waffe (Waffen)** für die Jagd, Haushaltsgegenstände und Schmuck. Der Schmuck sah nicht nur schön aus, er hatte auch eine wichtige **Aufgaben (Aufgabe)**. Er rief die guten **Geist (Geister)** herbei oder er vertrieb die bösen Geister. Der Traumfänger wurde über den Eingang des Zeltes oder über das Bett gehängt, um die bösen **Traum (Träume)** einzufangen. Diese Idee gefiel Liv sehr gut. Auch sie hatte manchmal schlimme Träume und darum hatte sie beschlossen, sich einen Traumfänger zu basteln. Den Rahmen hatte sie schon aus kleinen Ästen gebogen. Und nun hatte sie den ganzen Vormittag im Garten und in der Wohnung nach schönen **Gegenstand (Gegenständen)** gesucht, die ihren Traumfänger schmücken sollten. Da lagen nun zwei Lochsteine aus ihrem großen **Muschelgläser (Muschelglas)** und sechs **Feder (Federn)** von ihrem Wellensittich. Sie hatte auch einen Knochen von einem kleinen **Tiere (Tier)** gefunden. Auch eine schöne, rote **Blüten (Blüte)** hatte sie gepflückt. Doch etwas hatte sie vergessen. Womit sollte sie all die Dinge festbinden? Liv überlegte. Indianer hatten keinen Strick oder Bindfaden. Sie fertigten sich Schnüre aus Leder, Pflanzenstängeln oder den Sehnen geschlachteter Tiere. Liv schüttelte ihren **Köpfe (Kopf)**.*

25. Traumfänger

*Nein, so etwas hatte sie nicht. Sie würde sich aus dem Nähkasten eine Rolle **Garne** **(Garn)** holen. Das war zwar ein bisschen gemogelt, aber der Traumfänger würde bestimmt trotzdem funktionieren. Oder?*

Weitere Ideen:
- Die Geschichte endet mit einer Frage. Lassen Sie die Kinder diese beantworten und nutzen Sie sie als Erzählanlass.
- Stellen Sie den Kindern gezielte Fragen und fordern Sie sie auf, die Antwort in der Einzahl und der Mehrzahl mit dem entsprechenden Artikel zu nennen.
  Beispielfragen:
    - Was könnte noch an einem Indianer-Traumfänger hängen?
      (die Perle – die Perlen, der Zahn – die Zähne ...)
    - Welche Tiere wurden von den Indianern gejagt?
      (der Büffel – die Büffel, der Hase – die Hasen ...)
    - Kennt ihr Materialien, aus denen die Indianer Kleidung, Schmuck und Haushaltsgegenstände herstellten?
      (die Haut – die Häute, das Holz – die Hölzer ...)
    - Die Indianerfrauen sammelten in der Natur Nahrungsmittel.
      Könnt ihr euch vorstellen, was gesammelt wurde?
      (die Beere – die Beeren, der Pilz – die Pilze ...)
- Es gibt Nomen, die in der Einzahl und Mehrzahl die gleiche Form haben. Teilen Sie die Kinder in Kleingruppen und lassen Sie jede Gruppe möglichst viele dieser Nomen finden. Tragen Sie diese nach einer angemessenen Zeit zum Überlegen zusammen.
  (Beispiele: der Indianer – die Indianer, das Mädchen – die Mädchen, der Knochen – die Knochen, der Büffel – die Büffel)

© Dorothee Wolters

Kapitel 3

26. Ein süßer Schatz

Material:

ein Gegenstand, der ein kurzes, lautes Geräusch machen kann (z. B. Hupe, Rahmentrommel ...)

So geht es:

Sie lesen die Geschichte jeweils bis zum Satzende vor, ohne das Verb zu nennen. Dieses sollen die Kinder finden. An den entsprechend gekennzeichneten Stellen ersetzen Sie beim Lesen die gesuchten Verben mit einem vorher vereinbarten Geräusch. Die Kinder nennen das richtige Verb, entweder einzeln, nacheinander oder gemeinsam, und Sie wiederholen den Satz bzw. die Wortgruppe gegebenenfalls noch einmal mit dem eingesetzten Verb. Anschließend lesen Sie weiter bis zum Ende des nächsten Satzes, in dem ein Verb gesucht wird.

*Melissa und Domenik sitzen auf dem Teppichboden im Kinderzimmer und überlegen, was sie spielen könnten. Die beiden spielen oft zusammen, denn sie ... **(sind)** beste Freunde. Heute haben sie sich nach der Schule bei Domenik zu Hause ... **(getroffen, verabredet)**. Doch nun sitzen sie da und wissen nicht, was sie ... **(spielen, machen)** sollen.*

*Das Zimmer ist voller Spielsachen. Auf den Regalen an der Wand ... **(stehen)** große Dinosaurier. In einer Holzkiste ... **(liegen)** Hunderte Legosteine. Unter Domeniks Bett schaut die große Autorennbahn hervor. Und in dem Spielzeugschrank an der Wand gibt es noch viel mehr zu ... **(entdecken, sehen)**. Darin stapeln sich Kartenspiele, Brettspiele und Schachteln mit allerlei Krimskrams. Doch mit nichts von all dem Spielzeug wollen Melissa und Domenik spielen. Das alles kennen sie schon.*

*Da schlägt Domenik vor: „Wollen wir uns mit Decken und Tüchern eine Bude ... **(bauen)**?"*

„Nö", antwortet Melissa.

*„Wollen wir uns Papierflieger ... **(basteln, falten)**? Die können wir dann aus dem Fenster ... **(fliegen)** lassen."*

Melissa will nicht, schüttelt ihren Kopf und meint: „Das ist auch blöd."

*„Dann schlag du mal was vor. Du ... **(meckerst)** immer nur rum wie eine olle Ziege."*

Melissa zieht eine Schnute und überlegt angestrengt. „Wollen wir Schatzsucher spielen?", fragt sie begeistert.

„Wie soll das denn gehen, im Zimmer?"

*„Na ganz einfach, wir ... **(verstecken)** was im Zimmer."*

„Und was? Hast du Golddukaten?", will Domenik wissen.

26. Ein süßer Schatz

„Wir können irgendwas nehmen. Das ist dann einfach unser Schatz. Einer versteckt es und der andere muss es ... **(suchen)**."
Domenik zieht die Stirn in Falten, dann springt er plötzlich auf und ... **(rennt, geht, läuft)** aus dem Zimmer. Als er zurückkommt, hält er etwas hinter seinem Rücken ... **(versteckt)**.
Melissa sagt neugierig: „Nun ... **(zeig)** schon her!"
Domenik holt eine bunte Dose hinter seinem Rücken hervor. Darin liegen ungefähr zehn dicke Bonbons, jedes hübsch eingepackt in goldenes oder silbernes Glanzpapier.
„Mmh!", macht Melissa und ... **(leckt)** sich mit der Zunge über die Lippen.
„Unser Schatz ist aus Schokolade und mit Nugat gefüllt", flüstert Domenik geheimnisvoll und hält seiner Freundin ein Bonbon unter die Nase.
Melissa schnüffelt daran: „Ich ... **(rieche)** nichts."
„Willst du mal kosten?"
„Na klar, gib her!"
Domenik zieht das Bonbon schnell weg und sagt streng: „Diesen Schatz musst du dir erst verdienen. Du gehst raus und ich verstecke ihn. Wenn du ihn gefunden hast, dann kannst du ihn ... **(essen, verspeisen)**. Wenn nicht, wandert er in meinen Bauch."
„Abgemacht", ruft Melissa und schon flitzt sie aus dem Zimmer.

Weitere Idee:

Greifen Sie einzelne Aussagen aus der Geschichte auf und formulieren Sie daraus Aussagesätze, bei denen die Kinder für die mehrteiligen Verben möglichst viele Infinitivformen am Satzende finden müssen, z. B.
- Dinos können auf den Regalen ... **(liegen, stehen, schlafen ...)**.
- Im Spielzeugschrank kann man viel Spielzeug ... **(entdecken, sehen, finden ...)**.
- Mit Decken und Tüchern kann man eine Bude ... **(bauen, machen, errichten ...)**.
- Papierflieger kann man ... **(basteln, falten, bemalen ...)**.
- Papierflieger können aus dem Fenster ... **(fliegen, abstürzen, gleiten ...)**.

Kapitel 3
27. Frau Gestern, Herr Heute und Fräulein Morgen

Material:

Bildkarten

Vorbereitung:

Kopieren Sie für jedes Kind die drei Bildkarten.

So geht es:

Sie lesen die Aussagesätze einzeln vor. Nach jedem Satz entscheiden die Kinder anhand der Form der Verben, ob es sich um einen Aussagesatz in der Vergangenheit, der Gegenwart oder der Zukunft handelt. Dazu halten sie die entsprechende Bildkarte hoch.

Jeden Mittwoch trafen sich Frau Gestern, Herr Heute und Fräulein Morgen im Café „Schwindelrich". Dort aß jeder zwei Stück Torte und dabei redeten sie unaufhörlich. Frau Gestern erzählte ihren Freunden, was sie in den vergangenen Tagen erlebt hatte. Herr Heute sagte den anderen immer, was er gerade tat. Und Fräulein Morgen berichtete den anderen Zuhörern, was sie in den nächsten Tagen vorhatte. Jeder der drei hatte so viel zu erzählen, dass sie alle durcheinander redeten. Zum Schluss wusste niemand mehr so genau, wer was erzählt hatte. Doch wenn ihr genau zuhört, könnt ihr es herausfinden.

„Ich **fuhr** mit der Straßenbahn in den Tierpark." *(Frau Gestern)*
„Ich **werde** meine Beete im Garten **umgraben**." *(Fräulein Morgen)*
„Ich **esse** Erdbeertorte mit Sahne." *(Herr Heute)*
„Ich **werde** Radieschen und Möhren **säen**." *(Fräulein Morgen)*
„Ich **spazierte** durch eine schöne Gartenanlage." *(Frau Gestern)*
„Ich **trinke** kalten Eiskaffee." *(Herr Heute)*
„Ich **werde** meine Tante **besuchen**." *(Fräulein Morgen)*
„Ich **habe** Husten und Schnupfen." *(Herr Heute)*
„Ich **paddelte** mit einem Boot über den See." *(Frau Gestern)*
„Ich **werde** mal wieder zum Friseur **gehen**." *(Fräulein Morgen)*
„Ich **habe** eine neue Brille." *(Herr Heute)*
„Ich **aß** in einem Restaurant Abendbrot." *(Frau Gestern)*
„Ich **werde** einen Film im Kino **sehen**." *(Fräulein Morgen)*
„Ich **schlief** in der Nacht sehr schlecht." *(Frau Gestern)*
„Ich **gehe** auf die Toilette." *(Herr Heute)*

27. Frau Gestern, Herr Heute und Fräulein Morgen

Weitere Ideen:

- Greifen Sie einen Satz der drei Cafébesucher auf und fordern Sie die Kinder auf, diesen Satz die zwei anderen Besucher in ihrer Zeitstufe sprechen zu lassen.
  Beispiel: Herr Heute: „Ich habe eine neue Brille."
  Frau Gestern: „Ich hatte eine neue Brille."
  Fräulein Morgen: „Ich werde eine neue Brille haben."
- Fordern Sie die Kinder auf, das Gespräch von Frau Gestern, Herrn Heute und Fräulein Morgen fortzuführen. Jedes Kind wählt sich eine Person bzw. Zeitstufe aus und formuliert einen Aussagesatz. Die anderen Kinder ergänzen diesen Satz in den anderen Zeitstufen.

Bildkarten

Frau Gestern – Vergangenheit

Herr Heute – Gegenwart

Fräulein Morgen – Zukunft

28. Frau Dreibein

Material:
ein Stift und eine Kopie der Geschichte, wenn Sie nicht in dieses Buch schreiben möchten

So geht es:
Bevor Sie die Geschichte vorlesen, erklären Sie den Kindern, dass im Text viele Eigenschaftswörter fehlen und sie gemeinsam mit Ihnen die Geschichte fertigschreiben müssen. Die Kinder rufen Ihnen Adjektive zu, die Sie der Reihe nach an den markierten Stellen einsetzen. Anschließend lesen Sie die entstandene Quatschgeschichte vor.

Alle Kinder der Klasse sahen voller Spannung auf die .... Tür.

Gleich würde sie aufgehen und Frau Dreibein würde erscheinen, die neue

Klassenlehrerin. Ob sie wirklich drei Beine hat? Ob sie alt ist oder jung?

Oder vielleicht .... und ....

Da ging die Tür auf und Frau Dreibein betrat das .... Klassenzimmer.

Sie hatte zwei .... Beine, nicht drei. Sie war jung, kam mit flotten

Schritten in den Raum und lächelte die .... Kinder der Klasse an. Frau

Dreibein sah hübsch aus. Sie hatte .... Haare, ... Augen

und eine .... Nase. Ihre Sachen waren auch hübsch. Die Lehrerin trug

einen .... Pullover und eine .... Hose. Ihre Füße steckten in

.... Turnschuhen. Frau Dreibein war bestimmt sehr sportlich. Sie

setzte sich auf den .... Lehrertisch, sagte kein Wort und sah alle Kinder

der Reihe nach an. Einige Kinder wurden schon unruhig und rutschten auf ihren

.... Stühlen hin und her. Endlich sagte die Lehrerin etwas: „Hallo Kinder,

mein Name ist Frau Dreibein und jeder von euch darf mir jetzt eine Frage stellen.

Danach werde ich jedem von euch eine Frage stellen." Sofort meldete sich der

.... Kenan: „Warum haben Sie so einen komischen Namen?"

28. Frau Dreibein

Frau Dreibein lächelte und sagte: „Einer meiner Vorfahren hatte bestimmt drei Beine. Und deshalb bekam er diesen .... Namen. Seine Kinder hießen wieder so und deren Kinder ebenfalls, auch wenn sie gar nicht drei Beine hatten. Und ich habe diesen Namen wieder von meinen Eltern bekommen."

Die .... Pauline fragte: „Haben Sie selbst Kinder?"

„Ja", antwortete Frau Dreibein. „Ich habe eine ganz .... Tochter."

Und so ging es weiter und weiter. Die Kinder fragten und Frau Dreibein beantwortete wirklich jede .... Frage. So verging die Zeit und alle waren überrascht, als das .... Klingelzeichen ertönte. Die Stunde war um und die Kinder hatten viel gelernt. Zwar nicht lesen und rechnen, aber viel über Frau Dreibein.

Weitere Ideen:
- Lesen Sie die Geschichte mit den eingesetzten Adjektiven noch einmal vor und fordern Sie die Kinder auf, passende Adjektive für die Nomen zu finden. Lesen Sie dazu den Satz, in dem ein Adjektiv gesucht wird, bis zum Ende vor. Dann nennen die Kinder ihre Vorschläge. Sie lesen weiter bis zum Satzende des nächsten Satzes, in dem ein Adjektiv gesucht wird.
- Bitten Sie die Kinder, sich „ihr" Adjektiv zu merken und sich im Laufe der Geschichte auch zu merken, bei welchem Nomen es stand. Ein derartiger Hörauftrag kann die Aufmerksamkeit beim Zuhören erhöhen.

Gut zu wissen:
Die Entstehung von Nachnamen begann vor ca. 800 Jahren. Vorher hatten die Menschen nur Vornamen. Wegen der Häufigkeit von beliebten Vornamen erfanden die Menschen Beinamen, wie z. B. Erwin der Lange oder Theo der Schneider. Diese bezogen sich auf Charaktereigenschaften, Äußerlichkeiten, Berufe, die Namen der Eltern oder den Wohnort der Menschen. Mit der zunehmenden Entwicklung von Verwaltung und Bürokratie wurde es notwendig, die Menschen eindeutig voneinander unterscheiden zu können. So wurden aus den Beinamen Nachnamen bzw. Familiennamen, die dann auch weitervererbt wurden.

29. Der einsame Zwerg

So geht es:

Sie lesen die Geschichte jeweils bis zu den in Klammern stehenden Adjektiven vor. Fordern Sie die Kinder auf, das gegenteilige Adjektiv zu finden und laut zu rufen. Sprechen Sie vorher mit den Kindern ab, ob immer nur ein Kind an der Reihe ist oder alle gemeinsam das Adjektiv nennen.

Es war einmal ein einsamer Zwerg. Er hatte niemanden auf der Welt, keine Familie, keine Freunde, niemanden. „Das kann so nicht weitergehen", murmelte der Zwerg vor sich hin. „Ich suche mir einen Freund."
Also machte er sich auf den Weg, kreuz und quer durch den großen Wald.
Doch außer den Tieren begegnete ihm niemand. Nach vielen Tagen endlich hatte er Glück. Er entdeckte in einer Felsenschlucht einen gewaltigen Riesen. Vorsichtig beobachtete der Zwerg ihn. Er wusste ja nicht, ob der Riese vielleicht eine Familie hatte oder gar böse und gefährlich war. Doch der Zwerg kam nach seinen Beobachtungen zu dem Schluss: Das wäre ein guter Freund.
Er ging zu dem Riesen hin, kletterte auf einen Stein und rief hinauf: „He, du, willst du mein Freund sein?"
Der Riese kratzte sich am Ohr. Hatte er da etwas gehört?
„He, hier unten bin ich", rief der Zwerg nach oben.
Der Riese entdeckte den kleinen Wicht und schmunzelte.
*„Was soll ich? Dein Freund sein? Das geht nicht. Sieh uns doch mal an! Wir könnten unterschiedlicher nicht sein. Ich bin **groß** und du bist ... **(klein)**."*
„Ist doch egal", sagte der Zwerg.
*„Ich bin **schwer** und du bist ... **(leicht)**."*
„Ist doch egal."
„Ich könnte dich aus Versehen zertreten und würde es nicht einmal merken."
*„Nein", beruhigte der Zwerg den Riesen, „denn ich bin **schnell** und du bist ... **(langsam)**."*
*Der Riese schmunzelte wieder und suchte nach neuen Gründen. „Ich bin **stark** und du bist ... **(schwach)**."*
„Ist doch egal", schrie der Zwerg.
*„Ich bin **dick** und du bist ... **(dünn)**."*
„Ist doch egal."
„Egal, egal, egal", äffte der Riese den Zwerg nach. „Wir zwei sind so unterschiedlich wie Tag und Nacht."
„Wer sagt denn, dass der Tag und die Nacht nicht trotzdem Freunde sind?"

29. Der einsame Zwerg

*Der Riese kam ins Grübeln, gab aber noch nicht auf. „Sieh mal, ich spreche **laut** und du ganz ... **(leise)**. Ich esse **viel** und du isst ... **(wenig)**. Meine Beine sind **lang** und deine sind ... **(kurz)**."*
„Ist doch egal."
Der Riese schüttelte verzweifelt seinen Kopf. Nun gingen ihm wirklich die Vergleiche aus. „Kleiner Mann, du gibst wohl nie auf?"
*„Ich bin eben **geduldig** und du bist ... **(ungeduldig)**."*
Der Riese hockte sich zu dem Zwerg hinunter. „Sag mir einen Grund kleiner Mann, warum ich dein Freund sein sollte?"
Der Zwerg überlegte gar nicht lange. „Wir sind beide einsam und allein.
Mit einem Freund ist das Leben viel schöner und lustiger."
Die Stirn des Riesen legte sich in Falten, groß wie Bockwürste. Dann murmelte er:
„Wo du recht hast, hast du recht."
Er hielt dem Zwerg seine riesige, flache Hand hin. „Schlag ein, mein Freund!"
Strahlend klatschte der Zwerg mit seinem kleinen Händchen in die Riesenpranke.
„Freunde?"
„Freunde!"

Weitere Ideen:

- Fordern Sie die Kinder auf, weitere gegenteilige Adjektive zu finden und diese zu nennen, z. B.
    - dunkel – hell
    - voll – leer
    - heiß – kalt
    - jung – alt
    - arm – reich
    - falsch – richtig
    - faul – fleißig
    - nass – trocken
    - hart – weich
    - müde – munter
    - süß – sauer
    - sauber – schmutzig

- Fordern Sie die Kinder auf, zu den gegenteiligen Adjektiven passende Nomen zu finden und die Wortgruppenpaare zu nennen, z. B.
    - der große Elefant – die kleine Maus
    - der schwere Stein – die leichte Feder
    - das schnelle Auto – die langsame Schnecke
    - der starke Mann – das schwache Kind
    - der dicke Klops – die dünne Nadel
    - die laute Trompete – die leise Stimme

- Fordern Sie die Kinder auf, gegensätzliche Quatschadjektive zu finden, z. B. federschwer, riesenklein, wunderhässlich ...

30. Klug, klüger, am klügsten?

So geht es:
Während Sie die Geschichte vorlesen, ergänzen die Kinder die in Klammern stehenden Steigerungsformen der Adjektive und sprechen diese entweder einzeln oder im Chor mit.

Es war einmal ein alter Löwe. Seit vielen Jahren war er der König der Savanne. Immer hatte er streng, klug und gerecht über die Tiere geherrscht. Doch nun spürte der Löwe, dass seine Zeit bald zu Ende gehen würde, und er überlegte hin und her, wer sein Nachfolger werden könnte. Ja, hätte er kluge, starke Söhne oder Töchter, würde davon einer zum neuen König werden. Doch der alte Löwe hatte keine Kinder.

Schließlich lud er die Tiere zu sich ein, die er für würdig hielt, und wollte sie prüfen. Alle Tiere hatten ihre guten und weniger guten Seiten. Doch der Löwe musste sich entscheiden. Nur einer konnte König werden.

*Erwartungsvoll sahen die eingeladenen Tiere ihren Herrscher an. Der räusperte sich und begann mit seiner Befragung: „Wer von euch hält sich für **stark**?"*

*Der Pavian reckte seine Brust nach vorn und sagte: „Ich bin sehr ... **(stark)**."*
*Der Tiger hob stolz seinen Kopf und sagte: „Ich bin noch ... **(stärker)**."*
*Der Elefant warf seinen Rüssel nach oben und sagte: „Ich bin am ... **(stärksten)**."*
Und die Eule sagte: „Ich bin weder schwach noch am stärksten."
*Der Löwe sagte nichts dazu und stellte die zweite Frage: „Wer von euch hält sich für **mutig**?"*
*Der Tiger antwortete: „Ich bin sehr ... **(mutig)**."*
*Der Elefant antwortete: „Ich bin noch ... **(mutiger)**."*
*Der Pavian antwortete: „Ich bin am ... **(mutigsten)**."*
Und die Eule antwortete: „Ich bin weder feige noch am mutigsten."
*Der Löwe verzog keine Miene und stellte die nächste Frage: „Wer von euch hält sich für **schnell**?"*
*Der Elefant meinte: „Ich bin sehr ... **(schnell)**."*
*Der Pavian meinte: „Ich bin noch ... **(schneller)**."*
*Der Tiger meinte: „Ich bin am ... **(schnellsten)**."*
Und die Eule meinte: „Ich bin weder langsam noch am schnellsten."
*Der Löwe dachte kurz nach und fragte dann: „Wer von euch hält sich für **geschickt**?"*
*Der Pavian behauptete: „Ich bin sehr ... **(geschickt)**."*
*Der Tiger behauptete: „Ich bin noch ... **(geschickter)**."*
*Der Elefant behauptete: „Ich bin am ... **(geschicktesten)**."*
Und die Eule sagte: „Ich bin weder ungeschickt noch am geschicktesten."

30. Klug, klüger, am klügsten?

„Nun hört meine letzte Frage", meinte der König des Dschungels. „Wer von euch hält sich für **klug**?"
Der Tiger sprach: „Ich bin sehr ... **(klug)**."
Der Elefant sprach: „Ich bin noch ... **(klüger)**".
Der Pavian sprach: „Ich bin **am** ... **(klügsten)**".
Und die Eule meinte bescheiden: „Ich bin weder dumm noch am klügsten, aber schlau genug, nicht mit meinen Tugenden zu prahlen wie ein eitler Pfau."
Da lachte der Löwe, dass es nur so über die Savanne dröhnte. Und im selben Augenblick hatte er sich entschieden.
Wisst ihr, für wen?

Weitere Ideen:

- Fordern Sie die Kinder auf, sich ein Adjektiv auszudenken, welches zu einem der genannten Tiere passt, und die dazugehörigen Steigerungsformen zu bilden.
- In dieser Geschichte nennt die Eule gegenteilige Adjektive. Fordern Sie die Kinder auf, von weiteren Adjektiven das Gegenteil zu finden. Suchen Sie dazu geeignete Wörter aus, zu denen sich schnell das entgegengesetzte Wort finden lässt, z. B.: langsam – schnell, voll – leer, heiß – kalt ...
- Gegenteilige Adjektive können auch mit der Vorsilbe un- gebildet werden. Dazu eignen sich nicht alle Adjektive. Fordern Sie die Kinder auf, ein Wortpaar zu bilden, z. B.: klug – unklug, rein – unrein, sauber – unsauber ...
- Diese Geschichte eignet sich auch hervorragend zum szenischen Sprechen. Lesen Sie die Geschichte noch einmal vor. Mehrere Kinder können die Worte der fünf Tiere sprechen und mit Mimik und Gestik unterstreichen.

31. Die aufgeregte Katharina erzählt

Material:
eine Hupe/Rahmentrommel o. Ä. sowie für jedes Kind einen Satz der 7 Wortkarten, wenn Sie die anschließende Variante durchführen möchten

So geht es:
Lesen Sie die Geschichte zunächst vollständig vor, ohne die in Klammern stehenden Präpositionen. Danach lesen Sie jeden Satz mit der falschen Präposition einzeln vor. Die Kinder korrigieren die falsche Präposition und sprechen den Satz mit der richtig gewählten Präposition.

Katharina hat einen kleinen Bruder bekommen. Nun war sie mit ihren sechs Jahren eine große Schwester. Gerade eben war sie mit ihrer Oma im Krankenhaus gewesen und hatte ihre Mama und das neue Baby besucht. Katharinas Opa hatte zu Hause gewartet. Nun wollte der Opa alles ganz genau wissen und stellte Katharina viele Fragen. Die wusste gar nicht, was sie zuerst erzählen sollte. Sie war überglücklich und immer noch ganz aufgeregt. Und so sprudelten die Wörter nur so aus ihr heraus und ihr Opa musste genau zuhören, denn Katharina brachte in ihrer Aufregung einiges durcheinander.

„Das Baby hat **unter (in)** einem Bett gelegen.
Die Krankenschwester hat es **nach (aus)** dem Bett gehoben.
Mama hat das Baby **über (auf)** den Arm genommen.
Die Hände sind ganz klein, wie **in (bei)** einer Puppe.
Das Baby hat gar keine Haare **zwischen (auf)** dem Kopf.
Es hat auch noch keine Zähne **hinter (in)** seinem Mund.
Am Arm hängt ein Band **ohne (mit)** seinen Namen.
Das Baby hat geschlafen, denn die Augen waren **auf (zu)**.
Dann habe ich dem Baby **durch (über)** den Kopf gestreichelt."

Weitere Ideen:
- Jedes Kind erhält sieben Wortkarten mit den Präpositionen. Sie lesen die Geschichte vor und ersetzen die Präpositionen durch ein kurzes Geräusch, z. B. auf den Tisch klopfen. Nach jedem Satz zeigen alle Kinder die Karte mit der fehlenden richtigen Präposition. Anschließend spricht ein Kind den Satz vollständig.
- Denken Sie sich weitere kurze Aussagesätze aus, die Präpositionen der Wortkarten beinhalten, und ersetzen Sie die Präposition beim Sprechen durch das Geräusch. Die Kinder zeigen die richtige Präposition mit ihren Karten.

31. Die aufgeregte Katharina erzählt

Beispielsätze:
- Ein Auto fährt … **(über)** die Brücke.
- Ich esse gern Nudeln … **(mit)** Tomatensoße.
- Paul stellt die Butter … **(in)** den Kühlschrank.
- Der Mann hat einen Hut … **(auf)** dem Kopf.
- Lotte macht Ferien … **(bei)** ihrer Oma.
- Der Bär kommt … **(aus)** seiner Höhle heraus.
- Ich laufe … **(zu)** der Haltestelle.

Wortkarten

in	in	in
auf	auf	auf
bei	bei	bei
aus	aus	aus
mit	mit	mit
zu	zu	zu
über	über	über

32. Koko kann den Schnabel nicht halten

Material:
eine leere Flasche

Vorbereitung:
Die Kinder sitzen im Stuhlkreis oder im Kreis auf dem Boden.
Die leere Flasche liegt in der Kreismitte.

So geht es:
- Sie lesen den Anfang der Geschichte vor.
- Ein Kind dreht die Flasche.
- Dem Kind, auf welches der Flaschenhals bei Stillstand zeigt, lesen Sie den ersten Satz vor.
- Das Kind wiederholt den Satz bzw. den Teil des Satzes mit dem richtigen Artikel.
- Kann das Kind den richtigen Artikel nicht nennen, dürfen die anderen Kinder helfen.
- Danach ist dieses Kind mit dem Drehen der Flasche dran und Sie lesen den nächsten Satz bzw. Absatz vor.

Die Kinder der Klasse 2b saßen im Schneidersitz in einem großen Kreis. Montag begann die erste Stunde immer so. Jedes Kind durfte erzählen, was es am Wochenende erlebt hatte. Darauf freuten sich alle Kinder der Klasse. Auch der Klassenpapagei Koko freute sich, dass er miterzählen konnte. Und nun hört, was die Kinder erzählt haben. Aber hört genau hin! Koko krächzt immer wieder dazwischen, sodass man die Kinder nicht richtig versteht. Was sagen die Kinder wirklich?

„Ich bin mit (kra) (dem) Fahrrad bis zu meiner Oma nach Bernsdorf gefahren."
„Ich habe mit meiner Mama (kra) (einen) ganz leckeren Kirschkuchen gebacken."
„Mein Willi ist gestorben. (kra) (Der) Hamster war schon sehr alt."
„Ich habe eine ganz weite Fahrradtour gemacht. Unterwegs ging (kra) (das) Fahrrad kaputt."
„Ich war mit meinen Eltern wandern. Wir haben am Waldrand (kra) (ein) Reh gesehen."
„Ich bin mit einem Schiff gefahren. (kra) (Der) See war riesengroß."
„Ich habe mit meinem Bruder Fußball gespielt. Ich war (kra) (der) Torwart."
„Ich habe meinem Opa im Garten geholfen. Ich durfte (kra) (den) Rasenmäher fahren."

32. Koko kann den Schnabel nicht halten

„Meine Mama hat mich ausgemeckert, weil ich meiner Schwester (kra) *(die)* Haare abgeschnitten habe."

„Ich durfte bis Mitternacht aufbleiben und mit meiner Schwester (kra) *(einen)* Film ansehen."

„Ich war auf (kra) *(einer)* Hochzeitsfeier."

„Ich war mit meinen Eltern bei (kra) *(den)* Ritterfestspielen."

„Ich habe eine verletzte Katze gefunden und in (kra) *(das)* Tierheim gebracht."

„Ich habe mit den anderen Kindern im Hof gegrillt und (kra) *(ein)* Lagerfeuer gemacht."

„Ich habe meinem Papa geholfen, (kra) *(das)* Wohnzimmer neu zu streichen."

„Ich war nachmittags im Stadtpark. Dort haben wir (kra) *(ein)* Picknick gemacht."

„Ich bin mal wieder im Zoo gewesen. Besonders haben mir (kra) *(die)* Affen gefallen."

„Ich war bei meiner Tante in Berlin auf (kra) *(einem)* ganz tollen Spielplatz."

„Ich habe ein neues Computerspiel gespielt. Da musste ich mit (kra) *(dem)* Flugzeug fliegen."

„Ich habe bei meinem Freund übernachtet. Wir durften in (kra) *(einem)* Zelt schlafen."

Weitere Ideen:

- Die Geschichte bietet einen guten Erzählanlass. Fordern Sie die Kinder auf, von ihren Erlebnissen am Wochenende zu erzählen.
- Fordern Sie die Kinder auf, einen Satz mit einem eigenen Erlebnis zu formulieren, wobei sie für einen Artikel ein Fantasiewort wählen sollen. Die anderen Kinder haben die Aufgabe, den richtigen Artikel herauszufinden.

© Norbert Höveler

Tipp:

Lesen Sie die Sätze langsam vor und verstellen Sie Ihre Stimme.

Kapitel 3

33. Mitternacht

Material:
Wortkarten, eine Hupe o. Ä.

Vorbereitung:
Kopieren Sie für jedes Kind die drei Wortkarten.

So geht es:
Fordern Sie die Kinder auf, das Geräusch in jedem Satz durch den Artikel zu ersetzen, indem sie die richtige Wortkarte hochheben. Dazu lesen Sie die Sätze einzeln vor und machen an den markierten Stellen das Geräusch.

*Gerade schlägt ... **(die)** Turmuhr zwölf. Es ist Mitternacht und alle schlafen in ... **(der)** Stadt. Alle? Fast alle! Im Spielzeuggeschäft geht ... **(das)** Licht an. „Spielzeit!", ruft ... (die) Supermannfigur. Nun wacht auch ... **(das)** andere Spielzeug auf. Ein Monstertruck springt an und rast um ... **(die)** Kasseninsel. Ein Feuerwehrauto hängt sich dran und macht ... **(die)** Sirene an. Eine ganze Herde Filly-Pferdchen springt aus dem Regal und reitet ... **(der)** Feuerwehr hinterher. Die Kuscheltiere sind auf ... **(das)** Trampolin geklettert. Dort springen sie wie ... **(die)** Wilden auf und ab. Lichtstrahlen zucken durch ... **(das)** Geschäft. Die Lichtschwerter schweben unter ... **(der)** Decke und kämpfen gegeneinander. Im Puppenhaus machen ... **(die)** Lego®-figuren eine Kissenschlacht. Das gefällt ... **(der)** Barbiepuppe und sie klatscht Beifall. Die Supermannfigur klettert auf den Kran und ruft: „Psst, da kommt ... **(die)** Putzfrau. ... **(Die)** Spielzeit ist vorbei!" Ruckzuck sind alle wieder auf ihrem Platz, als wäre nichts passiert in ... **(der)** Nacht.*

Weitere Ideen:
- Nennen Sie weitere Gegenstände aus einem Spielzeuggeschäft und lassen Sie die Kinder die Artikel bestimmen.
- Fordern Sie die Kinder auf, Nomen und die dazugehörigen Artikel zu einem bestimmten Themenbereich zu finden.
- Nennen Sie den Kindern zusammengesetzte Nomen und lassen Sie die Artikel von diesen bestimmen, sowie vom Bestimmungs- und Grundwort einzeln.

Wortkarten

der	die	das
der	die	das
der	die	das
der	die	das
der	die	das
der	die	das
der	die	das

4. Satzarten

Kapitel 4

34. Eine kleine Krabbe

Vorbereitung:

Die Kinder sitzen frontal zu Ihnen auf ihren Plätzen. Sie vereinbaren mit den Kindern für jedes Satzzeichen ein Handzeichen, z. B.

- Aussagesatz ⇨ eine erhobene Faust,
- Fragesatz ⇨ einen erhobenen gekrümmten Zeigefinger,
- Ausrufesatz ⇨ einen erhobenen Daumen.

So geht es:

Sie lesen die Geschichte vor. Nach jedem Satz machen Sie eine kurze Pause. Die Kinder bestimmen die Satzart, indem sie das entsprechende Handzeichen zeigen. Sie überprüfen die Richtigkeit und machen gegebenenfalls das richtige Handzeichen.

Eine kleine Krabbe läuft am Strand entlang. Wo will sie hin? Ihre Beine krabbeln flink über den Sand. Vorsicht, kleine Krabbe! Eine große Welle rollt heran. Wird sie die Krabbe überspülen? Die kleine Krabbe ist schneller. Sie klettert auf einen ausgetrockneten Baumstamm. Was will sie dort? Da kommt eine Möwe geflogen. Versteck dich, kleine Krabbe! Die Krabbe huscht unter den Baumstamm. Entdeckt die Möwe die Krabbe? Nein, sie fliegt weiter. Die Krabbe schaut aus ihrem Versteck. Ist da noch eine Gefahr in Sicht? Niemand ist zu sehen. Schnell, kleine Krabbe, lauf ins Wasser zurück!

Weitere Ideen:

- Wählen Sie einen kurzen Aussagesatz aus der Geschichte aus. Fordern Sie die Kinder auf, mit diesen Wörtern einen Fragesatz zu bilden und ihn betont zu sprechen. Probieren Sie es mit weiteren kurzen Sätzen.
- Teilen Sie die Klasse in zwei Gruppen. Eine Gruppe denkt sich Fragesätze zu der Geschichte von der kleinen Krabbe aus, z. B. „Welche Farbe hat die Krabbe?". Die Kinder der anderen Gruppe beantworten die Fragen mit sinnvollen oder auch lustigen Aussagesätzen, z. B. „Die Krabbe ist blau mit grünen Punkten."

Tipp:

Erleichtern Sie den Kindern das richtige Erkennen, indem Sie bewusst betont und in der richtigen Satzmelodie vorlesen.

Kapitel 4

35. Hanna und das Geldstück

Material:
Bildkarten mit den 3 Satzzeichen (S. 72)

Vorbereitung:
Kopieren Sie einen Satz Satzzeichen für jedes Kind. Die Kinder sitzen frontal zu Ihnen auf ihren Plätzen.

So geht es:
Sie lesen die Geschichte vor. Nach jedem Satz machen Sie eine kurze Pause. Die Kinder bestimmen die Satzart, indem sie die entsprechende Bildkarte hochhalten. Sie überprüfen die Richtigkeit und zeigen gegebenenfalls die richtige Bildkarte. Erleichtern Sie den Kindern das richtige Erkennen, indem Sie bewusst betonen und in der richtigen Satzmelodie lesen.

Hanna geht in die erste Klasse.
In der Pause spielt sie mit ihren Freunden auf dem Schulhof.
Sie ruft den anderen Kindern zu: „Kommt, wir spielen Gummitwist!"
Als Hanna über den Gummi springt, hüpft ihr ein Geldstück aus der Hosentasche.
Wo ist es hingerollt?
Da sieht sie das 2-Euro-Stück liegen.
Hanna will es schnell holen.
Denn auf dem Nachhauseweg soll sie ein halbes Brot kaufen.
Drei Mal hat sie ihre Mutter ermahnt: „Vergiss das Brot nicht!"
Hanna will das Geldstück gerade aufheben, da landet ein Schuh darauf.
Vor ihr steht Leon aus der 3a.
Er grinst sie an und fragt frech: „Na, was willst du?"
„Mein Geld, du stehst darauf."
„Hier ist kein Geld.
Verschwinde!"
Hanna sieht Leon böse an.
Was soll sie tun?
Am liebsten würde sie ihn wegschubsen.
Doch Leon ist viel größer und stärker als sie.
Soll sie einfach weggehen?
Wovon soll sie dann das Brot kaufen?
Nein, auf keinen Fall.

35. Hanna und das Geldstück

Hanna macht sich so groß sie kann und sagt: „Ich schreie um Hilfe, wenn du mir mein Geld nicht gibst."
Leon verschränkt die Arme vor der Brust und lacht.
„Das traust du dich niemals."
Da holt Hanna kräftig Luft und brüllt über den ganzen Schulhof: „Hilfe!"
Sofort ist es totenstill.
Alle Schüler sehen zu Hanna und Leon, die sich gegenüberstehen.
Was ist passiert?
Nun schreit Hanna: „Er will mir mein Geld nicht wiedergeben."
Leon bekommt einen knallroten Kopf.
Dann stottert er kleinlaut: „Ich habe gar kein Geld."
Er dreht sich um und geht.
Hanna hebt das 2-Euro-Stück schnell auf.
Sie ruft Leon hinterher: „Na, wer traut sich hier nicht?"
Stolz geht sie zu ihren Freunden zurück.

Weitere Ideen:

- Bringen Sie Bewegung in diese Geschichte und machen Sie ein Spiel daraus. Die Kinder stehen paarweise in einer Reihe. Sie lesen den ersten Satz für das erste Paar vor. Das Kind, welches den Satz zuerst richtig bestimmt und die entsprechende Bildkarte zeigt, stellt sich neben das folgende Paar. Sie lesen nun den drei Kindern den nächsten Satz vor und das Kind mit der schnellsten richtigen Lösung geht wieder zu dem darauffolgenden Paar. Wer konnte am Ende am weitesten gehen?
- Die Geschichte bietet einen guten Erzählanlass. Fordern Sie die Kinder auf, zu überlegen, wie sie in Hannas Situation reagiert hätten. Lassen Sie mehrere Kinder dazu erzählen.

36. Die zwei Mäuse

Kapitel 4

Vorbereitung:
Die Kinder stellen sich verteilt im Raum auf.

So geht es:
Mit dieser Geschichte können Sie ein bisschen Bewegung in den Unterricht bringen. Vereinbaren Sie mit den Kindern für jedes Satzzeichen eine Bewegungsform, z. B.
- Punkt: in die Hocke gehen,
- Ausrufezeichen: auf den Zehen stehen, strecken, Arme nach oben,
- Fragezeichen: stehen, Oberkörper nach vorn beugen.

Anschließend lesen Sie die Geschichte vor. Nach jedem Satz machen Sie eine kurze Pause und die Kinder zeigen anhand der passenden Bewegungsform an, um welche Satzart es sich handelt. Sie bestätigen die Richtigkeit mit einem kurzen Nicken oder korrigieren, indem Sie selbst die richtige Bewegungsform machen oder das richtige Zeichen auf einer Karte zeigen.

Es waren einmal eine graue und eine weiße Maus.
Die wohnten in der Scheune eines großen Bauernhofes.
Dort hatten sie einen gemütlichen Schlafplatz und fanden genügend Futter.
Eines Tages sagte die graue Maus zu der weißen: „Weißt du, was ich mir wünsche?"
„Nein, aber du wirst es mir gleich verraten."
„Rate doch mal!"
Die weiße Maus überlegte.
„Wünschst du dir einen großen, saftigen Apfel?"
„Nein, das ist es nicht."
„Wünschst du dir, dass der hässliche Kater vom Hof verschwindet?"
„Das wäre auch schön, aber das meine ich nicht."
„Na, dann sag es doch endlich!"
„Ich möchte einmal in das große Haus der Menschen."
„Bist du verrückt?
Dort gibt es gefährliche Fallen, die dir das Genick brechen."
„Ach, alles nur Gerede."
„Was willst du überhaupt dort?"
„Reck doch mal deine Nase in die Luft!
Riechst du nicht den leckeren Duft?"
Die weiße Maus schnupperte angestrengt.
„Du hast recht, es riecht köstlich."

36. Die zwei Mäuse

„Und wo kommt der Geruch her?"
„Aus dem Haus der Menschen."
„Heute Nacht wagen wir es.
Bist du dabei?"
In der Nacht tippelten acht kleine Mäusepfoten über den Bauernhof.
Die graue Maus ermahnte die weiße: „Mach leise!"
Dann huschten sie durch das angekippte Kellerfenster.
Es machte „klapp" und „klapp" und die beiden Mäuse wurden nie wieder gesehen.
Was war passiert?

Weitere Idee:

Die Geschichte endet mit einer Frage. Nutzen Sie diese und lassen Sie einige Kinder erzählen, was passiert sein könnte. Wenn Sie alle Kinder einbeziehen möchten, bilden Sie mit den Kindern Kleingruppen und lassen Sie jede für sich beraten, wie die Geschichte endet. Ein Kind aus jeder Kleingruppe erzählt anschließend den Ausgang.

Tipp:

Wenn Sie die Geschichte gemeinsam mit allen Kindern spielen, macht das sicher mehr Spaß, jedoch werden einige Kinder die Bewegungen der anderen nur nachmachen und nicht selbst nachdenken. Eine Alternative ist das Spielen in 3er-Gruppen. Jedes Kind einer Gruppe stellt ein Satzzeichen dar. Sie unterteilen die Geschichte in mehrere Abschnitte, sodass mehrere 3er-Gruppen mitmachen können.

37. Die neue Klasse

Material:
Bildkarten mit den 3 Satzzeichen (s. S. 72)

Vorbereitung:
Kopieren Sie die Bildkarten einmal.
Die Kinder sitzen im Kreis auf ihren Stühlen oder am Boden.

So geht es:
Ein Kind erhält die drei Bildkarten. Sie lesen jeweils einen Satz der Geschichte vor. Das Kind mit den Bildkarten bestimmt die Satzart, indem es die richtige Karte hochhält. Sie bestätigen oder korrigieren das Satzzeichen.
Das Kind gibt die Bildkarten an seinen Nachbarn weiter und Sie lesen den nächsten Satz vor.

Paul war mächtig aufgeregt vor seinem ersten Tag in der neuen Klasse.
Seine Ohren schienen zu glühen.
Sein Magen fuhr gerade Achterbahn.
Ob alles gutgehen wird?
Da kam Frau Bär, seine neue Lehrerin.
Sie begrüßte Paul freundlich und stellte sich vor.
Ob die neuen Schüler auch so freundlich sind?
Dann legte sie Paul einen Arm auf die Schulter und lächelte ihn aufmunternd zu.
Die Türklinke in der Hand flüsterte Frau Bär: „Kopf hoch!
Das schaffst du schon."
Die Lehrerin öffnete die Klassenzimmertür.
Frau Bär rief: „Alle auf eure Plätze!"
Paul und die Lehrerin blieben vor der Klasse stehen.
Sollte Paul jetzt seinen Namen sagen?
Doch Frau Bär sagte bereits: „Das ist Paul.
Er kommt aus Hamburg.
Wer von euch war schon einmal in der großen Hafenstadt?"
Und schon fingen die Kinder an, zu erzählen.
Frau Bär musste laut rufen: „Nicht alle auf einmal!"
Dann sagte sie: „Paul, setz dich zu Mike!"
Nun erzählten einige Kinder, was sie in Hamburg erlebt hatten.
Plötzlich ging es Paul besser.
Auch er erzählte von seiner Heimatstadt.
Alle Aufregung war vergessen.

37. Die neue Klasse

Weitere Ideen:

- Alle Kinder finden sich paarweise zusammen und jedes Paar sitzt sich gegenüber. Ein Kind ist jeweils der Schüler. Diese Kinder sitzen mit dem Rücken zu Ihnen. Das andere Kind ist jeweils der Lehrer und diese Kinder sitzen frontal zu Ihnen. Dann lesen Sie einen Satz vor. Die „Schülerkinder" bestimmen mithilfe der Bildkarten die Satzart. Die „Lehrerkinder" überprüfen die Richtigkeit. Zur eindeutigen Bestimmung halten Sie die richtige Bildkarte hoch, welche nur die Lehrerkinder sehen können. In der Mitte der Geschichte können die Kinder die Rollen tauschen.
- Diese Geschichte bietet einen guten Erzählanlass. Durch gezielte Fragen können Sie die Kinder anregen, über Gefühle nachzudenken und darüber zu sprechen.
    - Warum war Paul aufgeregt?
    - Wovor könnte er Angst gehabt haben?
    - Wie geht es dir, wenn du aufgeregt bist?

Bildkarten

Kapitel 4

38. Ein Dieb an Bord!

Vorbereitung:

Die Kinder sitzen frontal zu Ihnen auf ihren Plätzen. Sie vereinbaren mit den Kindern für jedes Satzzeichen ein Handzeichen, z. B.
- Aussagesatz ⇨ eine erhobene Faust,
- Fragesatz ⇨ einen erhobenen gekrümmten Zeigefinger,
- Ausrufesatz ⇨ einen erhobenen Daumen.

So geht es:

Sie lesen die Geschichte vor. Nach jedem Satz machen Sie eine kurze Pause. Die Kinder bestimmen die Satzart, indem sie das entsprechende Handzeichen zeigen. Sie überprüfen die Richtigkeit und machen gegebenenfalls das richtige Handzeichen.

Der Kapitän stand an Deck seines Piratenschiffes und suchte seine Mannschaft.
„Wo sind die nur alle?"
Dann schrie er aus voller Kehle: „Alle Mann an Deck!"
Da torkelten die ersten Piraten an Deck.
„Was ist denn los?"
„Wer weckt uns zu dieser Zeit?"
„Ich bin noch so müde."
Als der Kapitän seine verschlafene Mannschaft sah, wurde er so richtig zornig.
„Ruhe, sofort!"
Der Papagei des Kapitäns, oben auf dem Ausguck, nickte mit seinem roten Kopf.
Dann krächzte er: „Ruhe, sofort!"
Die Piraten sahen nach oben und lachten.
Da zog der Kapitän seine Pistole aus dem Gürtel und zielte auf seine Mannschaft.
„Jetzt ist der Spaß vorbei.
Wer hat die Schatzkarte geklaut?"
Die Piraten sahen sich an und zuckten mit den Schultern.
Der Kapitän fuchtelte mit seiner Pistole herum und befahl: „Alle Mann Hosentaschen ausleeren!"
Fluchend krempelten die Piraten ihre Hosentaschen um.
Eine Schatzkarte war nicht zu finden, nur ein Stück Strick, ein Stein, drei Messer, ein Haifischzahn und ein getrockneter Hering.
Unzufrieden schüttelte der Kapitän seinen Kopf.
„Wer hatte gestern Nachtwache?"
Ein Pirat trat vor und meldete sich.
„Hast du jemanden an Deck rumschleichen sehen?"

38. Ein Dieb an Bord!

Der Mann schüttelte den Kopf.
„Du hast wohl gepennt, was?
Oder warst du gar selbst der Dieb?
Steh gefälligst still, wenn ich mit dir rede!"
„Ich schwöre bei der Piratenflagge, ich war's nicht."
Der Kapitän befahl dem verängstigten Piraten: „Los, ausziehen!"
Alle Piraten sahen nun auf den Beschuldigten, der es nicht eilig hatte mit dem Ausziehen.
„Soll ich ein bisschen helfen?", wetterte der Kapitän.
Nun setzte der Pirat schnell seinen alten, fleckigen Hut ab.
Er warf ihn vor seine Füße und genau in diesem Moment segelte ein Papierschnipsel neben den Hut.
Der Kapitän hatte es sofort bemerkt.
„Na, was ist denn das?
Gib es mir!"
Als der Kapitän das Stück Papier in der Hand hielt, betrachtete er es genau.
„Hab ich es doch gewusst", murmelte er in seinen Bart.
„Das ist ein Teil der Schatzkarte und du bist der Dieb."
Der Pirat wollte sich gerade verteidigen, da regnete es noch mehr Papierschnipsel.
Alle Mann sahen nach oben.
Dort saß der Übeltäter auf dem Rand des Ausgucks und knabberte mit seinem mächtigen, krummen Schnabel an der Schatzkarte herum.
„Du elendes Mistvieh, komm sofort herunter!
Hast du deinen Kapitän nicht verstanden?"
Der Papagei nickte mit seinem Kopf und krächzte: „Ruhe, sofort!"

Weitere Ideen:

- Lassen Sie die Kinder mit Stimmungen spielen und sie zu Kapitänen oder Piraten werden. Suchen Sie zu jeder Satzart einen kurzen Satz aus der Geschichte und lassen Sie ihn in verschiedenen Stimmungen sprechen. Wer möchte ein sehr wütender, trauriger, ängstlicher, betrunkener, freudiger … Kapitän oder Pirat sein?
- Suchen Sie einen kurzen Aussagesatz aus der Geschichte heraus, z. B. „Alle Mann sahen nach oben." Fordern Sie die Kinder auf, mit diesen Worten einen Fragesatz („Sahen alle Mann nach oben?") und einen Aufforderungssatz („Alle Mann sehen nach oben!") zu bilden. Probieren Sie es mit weiteren kurzen Sätzen.

39. Strenger Sportunterricht

Material:
ein Stift und ein kleiner Zettel für jedes Kind

Vorbereitung:
Die Kinder sitzen an ihren Plätzen.

So geht es:
Zuerst schreibt jedes Kind die drei Satzzeichen, Punkt, Fragezeichen und Ausrufezeichen, auf seinem Zettel untereinander und malt einen Kreis darum. Dann fordern Sie die Kinder auf, nach jedem vorgelesenen Satz der Geschichte zu überlegen, was für ein Satz das war, und dafür das entsprechende Satzzeichen hinter das eingekreiste richtige Satzzeichen zu schreiben. Am Ende der Geschichte müssen hinter jedem eingekreisten Satzzeichen mehrere der Satzzeichen stehen.
Zum Abgleich können Sie entweder die Zettel einsammeln (Namen nicht vergessen!), die Zettel von den Banknachbarn miteinander vergleichen lassen oder Sie bestimmen die Satzarten noch einmal gemeinsam. Wer hat alle Sätze richtig erkannt?
(Lösung: . = 11, ? = 4, ! = 6)

Sportlehrer Streng pfeift in seine Trillerpfeife.
„In einer Linie angetreten!"
Die Kinder stellen sich schnell hin.
Herr Streng zählt die Kinder.
*„**Wo** ist Theo?"*
„Der ist krank."
*„**Was** hat er denn?"*
„Er hat Fieber und Husten."
„Nein, er hat die Windpocken."
Alle Kinder reden nun durcheinander.
Der Sportlehrer schreit: „Sofort Ruhe!
***Wie** soll ich bei dem Durcheinander etwas verstehen?"*
Alle Kinder starren Herrn Streng an.
„Jetzt mal hergehört!
Wir wollen endlich Sport machen.
Janosch, du holst die Reifen!
Tina und Sandy, ihr holt zwei Medizinbälle!
***Wer** kann die Matte tragen?"*

39. Strenger Sportunterricht

Kemal, Lisa, Olga und Alex melden sich.
„Die anderen Kinder stellen sich hinter die Bank, aber hopp, hopp!"
Endlich beginnt der Sportunterricht.

Weitere Ideen:

- Wiederholen Sie die Fragesätze aus der Geschichte. Fordern Sie die Kinder auf, die Fragewörter zu nennen **(wo, was, wie, wer)**. Lassen Sie die Kinder weitere Fragewörter finden **(weshalb, warum, wieso …)** und anschließend Fragesätze zum Inhalt der Geschichte formulieren.
- Welche Ausrufesätze könnte Herr Streng, der Sportlehrer, im Unterricht noch verwendet haben? Lassen Sie die Kinder mit Stimmungen spielen (streng, lustig, traurig …) und entsprechende Ausrufesätze sagen.

Tipp:

Lassen Sie beim betonten Vorlesen zwischen den einzelnen Sätzen eine angemessene Pause, sodass die Kinder Zeit zum Überlegen haben und das Satzzeichen schreiben können.

5. Sinnerfassung

40. Lied von den zehn Piraten

So geht es:

Sie singen das Lied zur Melodie von „Alle meine Entchen" vor und lassen jeweils das letzte Wort bei jeder Strophe weg. Fordern Sie die Kinder auf, passend zum Inhalt jeder einzelnen Strophe, das richtige fehlende Wort im Chor mitzusingen.

*Alle zehn Piraten schrubbten mal das Deck,
schrubbten mal das Deck.
Kam 'ne große Welle,
war der erste ... **weg**.*

*Alle neun Piraten schossen unbedacht,
schossen unbedacht.
Einer schoss daneben,
da waren's nur noch ... **acht**.*

*Alle acht Piraten tranken kräftig Rum,
tranken kräftig Rum.
Konnten kaum noch laufen,
einer fiel gleich ... **um**.*

*Sieben Piraten stritten sich an Bord,
stritten sich an Bord.
Kam ein großer Wirbelsturm,
trug den nächsten ... **fort**.*

*Alle sechs Piraten aßen gerade Fisch,
aßen gerade Fisch.
Einer schluckt 'ne Gräte,
erstickte **fürchter... lich**.*

*Alle fünf Piraten spielten Würfelstein,
spielten Würfelstein.
Einer wollte schummeln,
flog ins Wasser ... **rein**.*

*Alle vier Piraten, fingen einen Hai,
fingen einen Hai.
Der schnappte sich den nächsten,
da waren's nur noch ... **drei**.*

*Alle drei Piraten liefen auf ein Riff,
liefen auf ein Riff.
Gluck, gluck, gluck, weg war'n die
Piraten mitsamt ... **Schiff**.*

Melodie: traditionell „Alle meine Entchen",
Text: Ute Schröder

Tipp:

Sollten Sie kein begnadete Sänger sein, können Sie das Lied auch als Gedicht vortragen. In diesem Fall lassen Sie die zweite Zeile in jeder Strophe beim Vortragen weg.

Kapitel 5

41. Zwerg Zipfelzupf erwartet Besuch

So geht es:
Fordern Sie die Kinder auf, genau zuzuhören und, wenn sie Unsinn in der Geschichte entdecken, laut mit den Füßen zu trampeln. Dann stoppen Sie die Geschichte an dieser Stelle und das falsche Nomen wird sofort von einem Kind durch ein sinnvolles ersetzt.

*Zwerg Zipfelzupf war mächtig aufgeregt. Noch zwei Stunden hatte er Zeit, dann würden seine Gäste kommen. Und es war noch so viel zu tun. Die Gartenmöbel mussten noch aus dem Keller geholt und in den Garten gestellt werden, der Tisch musste gedeckt werden, die Getränke bereitgestellt werden. Doch das Allerwichtigste: Zipfelzupf wollte seinen berühmten Blaubeerkuchen backen. Das musste zuerst erledigt werden, denn der Kuchen brauchte seine Zeit, um in der **Waschmaschine (im Backofen)** zu backen.*

*Zipfelzupf rückte seine Zipfelmütze zurecht und machte sich an die Arbeit. Zuerst brauchte er das Rezept. Das stand in Omas altem **Telefonbuch (Kochbuch)**. Zipfelzupf las, was er alles brauchte, und dann holte er die Zutaten, Eier, Milch, Butter, Zucker und Mehl, aus dem **Aquarium (Schrank)**. Die Blaubeeren hatte er schon gestern Abend gesammelt. Dazu war er extra in die **Wüste (den Wald)** gegangen. Fehlten nur noch eine Schüssel für den Teig und zum Rühren eine **Säge (ein Löffel)**. Als der Zwerg alles auf dem Küchentisch abgestellt hatte, holte er noch die Backform. Nun begann er, die Zutaten in die Schüssel zu schütten, erst das Mehl, dann den Zucker ... Hatte er auch noch genügend Zeit? Immer wieder sah er auf die tickende **Bratpfanne (Uhr)** an der Wand. Oh, er musste sich beeilen. Hätte er doch nur eher angefangen! Vor Aufregung schubste er ein Ei vom Tisch. Klatsch, landete es an der **Decke (auf dem Boden)**.*

Hektisch sprang Zipfelzupf in seiner Küche herum und wollte die Schweinerei beseitigen. Da stieß er mit seinem Hinterteil an die Rührschüssel und zack, lag das Mehl unten.

*„Nein, so ein Unglück", stöhnte er und schüttelte verzweifelt seine **Nase (seinen Kopf)**.*

Da klopfte es an der Fensterscheibe und das Gesicht seiner lieben Freundin Zapfelzipfchen erschien.

„Kann ich helfen?", rief sie von draußen.

Zipfelzupf flog zur Tür und begrüßte seine Freundin herzlich: „Du kommst wie gerufen."

„Das sehe ich."

41. Zwerg Zipfelzupf erwartet Besuch

*Zapfelzipfchen besah sich das Durcheinander und beruhigte dann ihren Freund: „Weißt du was? Ich kümmere mich jetzt um den Kuchen und du holst die Gartenmöbel aus dem **Ententeich (Keller)** und stellst sie in den **Hühnerstall (Garten)**. Du bereitest alles draußen vor und ich hier drin. Einverstanden?"*
Erleichtert umarmte Zipfelzupf seine Freundin Zapfelzipfchen und dann machten sie sich ans Werk.
*Als die Gäste pünktlich erschienen, war alles fertig. Zapfelzipfchen hatte sogar noch Zeit gehabt, für die Blumenvase einen Strauß **Möhren (Blumen)** zu pflücken. In der Mitte auf dem Gartentisch stand Zipfelzupfs berühmter duftender **Stinkerkäse (Blaubeerkuchen)**.*

Weitere Ideen:

- Fordern Sie die Kinder auf, die Geschichte weiterzuerzählen. Wer kam zu Gast? Was passierte im Garten? Dabei sollen die Kinder ebenfalls versuchen, unsinnige Wörter einzubauen. Die anderen Kinder können beim Erkennen der falschen Wörter wieder laut mit den Füßen trampeln.
- Machen Sie ein Bewegungsspiel aus der Geschichte. Greifen Sie die falschen Nomen auf und bilden Sie damit kurze Aussagesätze. Die Kinder entscheiden nach jedem Satz, durch das Anzeigen einer vorher vereinbarten Bewegungsform, ob die Aussage Wahrheit oder Lüge ist.

Beispiele für Bewegungsmöglichkeiten:
- Wahrheit ⇨ hüpfen am Ort, Hände klatschen über dem Kopf
- Lüge ⇨ rennen am Ort, Arme ausschütteln, Kopf schütteln

Beispielsätze:
- Im Aquarium schwimmen Schmetterlinge. (Lüge)
- Die Nase hat zwei Löcher. (Wahrheit)
- Im Telefonbuch stehen Telefonzellen. (Lüge)
- Die Bratpfanne kann sehr heiß werden. (Wahrheit)
- Ein Ferkel kriecht ins Mauseloch. (Lüge)
- Möhren wachsen in der Erde. (Wahrheit)
- Eine Waschmaschine hat verschiedene Programme. (Wahrheit)
- Mit der Säge kann man bohren. (Lüge)
- Stinkerkäse wird aus Fleisch gemacht. (Lüge)
- In der Wüste ist es in der Nacht kalt. (Wahrheit)

Kapitel 5
42. So beginnt der Tag

So geht es:

Lesen Sie den Kindern die Geschichte zunächst mit den unsinnigen Wörtern vor, was ihnen großen Spaß machen wird. Fordern Sie die Kinder auf, genau zuzuhören und immer, wenn sie unsinnige Wörter hören, laut, aber nur kurz mit den Füßen zu trampeln. Anschließend lesen Sie die Geschichte noch einmal vor und immer ein Kind, der Reihe nach, ergänzt an den markierten Stellen ein sinnvolles Wort. Die anderen Kinder können eventuell helfen.

„Joel, aufstehen! Es ist Zeit für die Schule!", rief Mama schon zum zweiten Mal. Joel stöhnte, er hatte keine Lust. Grimmig warf er die Bettdecke zur Seite und stieg aus dem **Regal (Bett)**. Zuerst ging Joel auf die Toilette und drückte dann die **Klobürste (Klospülung)**. Danach wusch er sich das Gesicht mit kaltem **Saft (Wasser)**.
Mit seiner neuen, blauen Zahnbürste **rasierte (putzte)** er seine Zähne. Und zum Schluss kämmte er auch noch seine **Nase (Haare)**.
Dann ging Joel in sein Kinderzimmer. Seine Sachen zum Anziehen **klebten (lagen, hingen)** schon auf dem Stuhl. Joel zog seine Socken, sein T-Shirt und seinen **Rock (Hose)** an.
„Joel, frühstücken! Beeil dich!", hörte er seine Mama aus der Küche **wiehern (rufen)**.
Als Joel in die Küche kam, war der **Computer (Tisch)** bereits gedeckt.
„Na? Was möchtest du essen, mein Schatz?", fragte Mama. „Möchtest du Rührei mit **Nägeln (Schinken, Speck)**? Oder lieber ein Brötchen mit **Schuhcreme (Honig ...)**? Oder möchtest du Müsli **werfen (essen, haben)**?"
Das wollte Joel alles nicht haben. Er schüttelte seinen **Bauch (Kopf)**.
„Ich möchte Toastbrot mit einer Scheibe **Radiergummi (Wurst, Käse)** essen."
Kaum hatte Joel sein Toastbrot gegessen, klingelte es an der **Gießkanne (Tür)**.
Das war sein Freund, der ihn jeden Morgen zur Schule abholte. Joel gab seiner Mama einen **Stempel (Kuss)** auf die Wange und dann flitzte er los.
So beginnt der Tag bei Joel.

Weitere Idee:

Lesen Sie die Geschichte noch einmal und machen Sie gemeinsam mit den Kindern eine neue Quatschgeschichte daraus. Lesen Sie immer bis zu den markierten Stellen und die Kinder setzen, der Reihe nach, ein neues unpassendes, möglichst lustiges Wort ein.

Tipp:

Lesen Sie die Geschichte langsam vor, damit die Kinder die unsinnigen Wörter aus dem Geschichteninhalt erkennen können.

Kapitel 5

43. Wer sind Möhre und Piet?

Vorbereitung:

Bevor Sie die Rätselgeschichte vorlesen, teilen Sie die Klasse in zwei Gruppen.
Jede Gruppe erhält eine Frage:
1. Gruppe: Wer ist Möhre?
2. Gruppe: Wer ist Piet?

So geht es:

Fordern Sie die Kinder auf, anhand zentraler Begriffe und Beschreibungen in der Geschichte das Lösungswort für ihre Frage zu finden. Bitten Sie die Kinder, wenn sie die Lösung schon während des Vorlesens erraten, diese für sich zu behalten und nicht laut zu sagen.
Lassen Sie sich nach dem Vorlesen die Lösungswörter von jedem Kind ins Ohr flüstern oder auf einen Zettel schreiben. Anschließend kann jede Gruppe gemeinsam ihr Lösungswort rufen.

Liara und Jacob sind beste Freunde und spielen nach dem Unterricht oft zusammen. Meistens spielen sie bei Liara, denn die hat ein großes Kinderzimmer ganz für sich allein. Doch wie das mit Freunden so ist: Auch Freunde streiten sich manchmal.
Nun saßen Liara und Jacob auf dem Kinderzimmerteppich und zwischen ihnen lag Möhre und döste vor sich hin. Die beiden Kinder waren in Streit geraten, denn jeder behauptete, er habe das bessere Haustier.
„Ich kann mit Möhre <u>kuscheln</u>, weil er so ein <u>schönes, weiches Fell</u> hat. Das kannst du nicht mit deinem Piet", sagte Liara.
*„Na und? Dafür ist Piet viel **schöner** als dein <u>oranges Fellknäuel</u>", entgegnete Jacob. Er zeigte auf Möhre und meinte: „Der sieht wirklich aus wie eine Möhre. Mein Piet hat **vier Farben und eine leuchtet schöner als die andere**."*
„Dafür kann ich mit Möhre <u>spielen</u>", sagte nun Liara.
*„Aber er kann nicht sprechen", meinte Jacob. „Ich kann mich mit Piet unterhalten. Der **kann sprechen**."*
*„Pah, die **paar Wörter**", sagte Liara spöttisch.*
„Mein Möhre <u>kann klettern, und wie schnell</u>, das kann ich dir sagen. Ruckzuck ist er auf einem Baum."
*„Und kann er auch **fliegen** wie mein Piet?"*
*„Wann fliegt denn Piet schon mal? Meistens **sitzt er doch nur auf seiner Stange herum** und **putzt sich**."*
„Dein Möhre <u>leckt sich auch ständig das Fell ab</u>. Und meistens liegt er rum und <u>schläft</u>."

43. Wer sind Möhre und Piet?

Als ob Möhre das verstanden hätte, erhob er sich, <u>machte einen Buckel</u> und stolzierte dann beleidigt aus dem Zimmer.
Jacob ließ nicht locker und sagte: „Mein Piet kann mich sogar beschützen. Mit seinem **großen, kräftigen Schnabel** *knackt er die härtesten Nüsse. Damit kann er jeden Angreifer vertreiben. Und wie beschützt dich dein Möhre?"*
„Möhre kann gefährlich <u>fauchen</u> und er hat <u>scharfe Krallen</u>, damit kann er dir das Gesicht zerfetzten", sagte Liara angriffslustig.
Und so ging es hin und her. Jeder lobte sein Haustier für seine Eigenschaften und machte das andere schlecht. Aber was waren das eigentlich für Tiere? Pssst! Noch nicht verraten!

<u>Liara hat einen orangefarbenen Kater namens Möhre.</u>
Jacob hat einen bunten Papagei namens Piet.

Weitere Ideen:

- Bilden Sie mit den Kindern Kleingruppen. Jede Gruppe denkt sich ein Tier aus und trägt Eigenschaften und äußere Merkmale des Tieres zusammen. Anschließend beschreibt jede Gruppe ihr Tier, indem jedes Kind dieser Gruppe der Reihe nach ein Merkmal nennt, ohne den Namen des Tieres zu nennen. Die anderen Kinder der Klasse raten.
  Verteilen Sie die Kleingruppen zur Beratung in die Ecken des Klassenzimmers und prüfen Sie unterdessen, dass sich jede Gruppe ein anderes Tier aussucht.
- Diese Geschichte bietet eine gute Möglichkeit zum Erzählen. Fordern Sie die Kinder auf, über ihre eigenen Haustiere zu sprechen. Stellen Sie dazu gezielte Fragen, z. B.:
  - Wie heißt das Tier?
  - Wer hat den Namen ausgesucht und warum?
  - Was findest du an dieser Tierart gut?
  - Wie pflegst du dein Tier?
  - Was frisst dein Tier?

Kapitel 5

44. Märchenrätsel

So geht es:

Fordern Sie die Kinder auf, genau zuzuhören und anhand zentraler Begriffe und Beschreibungen die Lösungswörter der Rätsel zu finden.

*Hört! Da kommen vier Gesellen,
schrei'n, miauen, krähen, bellen.
Da flüchten aus dem Räuberhaus,
die Räuber blitzeschnell hinaus.*
(Die Bremer Stadtmusikanten)

*Wen warf des Königstochters Hand
an die kalte, graue Wand?
Und wer wurde dann zum Lohn
ein wunderschöner Königssohn?*
(Der Froschkönig)

*Wer zieht mit Stiefeln durch das Land,
miaut dabei ganz elegant
und frisst mit Tücke und mit List,
die Maus, die aber keine ist?*
(Der gestiefelte Kater)

*Ständig tauschte er was ein,
das Pferd, die Kuh und dann das Schwein.
Zum Schluss blieb ihm kein Stück,
das war der ...*
(Hans im Glück)

*Welches Mädchen wollt mit Kuchen
seine Großmutter besuchen?
Traf den bösen Wolf im Wald,
war in großer Not schon bald.*
(Rotkäppchen)

*Wer wohnt in den Wolken oben
und, wenn es schneit, tun wir sie loben?
Wer schüttelt schön die Betten aus
und weißer Schnee fällt dann heraus?*
(Frau Holle)

*Wie heißt dieser kleine Mann,
der aus Stroh Gold spinnen kann,
der ums Lagerfeuer springt
und dabei ein Liedchen singt?*
(Rumpelstilzchen)

*Vom Himmel fallen sie herunter.
Ein kleines Mädchen steht darunter.
Sie hält ihr armes Kleidchen hin
und viele davon landen drin.*
(Sterntaler)

*Wer muss alle Arbeit tun
für die Schwestern und darf nie ruhn?
Wer verliert in seiner Hast
einen Schuh vor dem Palast?*
(Aschenputtel)

Weitere Idee:

Die Kinder werden selbst zu Rätselstellern. Jedes Kind denkt sich einen Gegenstand aus und beschreibt diesen den anderen Kindern, ohne das Lösungswort direkt zu nennen.

45. Die beschwipste Honigbiene

So geht es:

Lesen Sie den Kindern die Geschichte zunächst mit den inhaltlich verdrehten Sätzen vor, ohne die in Klammern stehenden richtigen Sätze. Danach lesen Sie jeden falschen Satz einzeln vor, die Kinder überlegen, wie es richtig heißen muss, und sprechen den Satz laut und deutlich.

Eine Honigbiene ging fleißig ihrer Arbeit nach. Auf einer großen Wiese hatte sie unzählige Blüten gefunden und sammelte emsig den Nektar. Es war ein heißer Sommertag und die kleine Biene wurde durstig. Auf einer Picknickdecke entdeckte sie einen Becher mit einem Getränk. Ah, genau das Richtige, dachte die Biene. Sie setzte sich auf den Rand des Bechers und trank gierig von dem Bier.
Nun wurde es Zeit für den Heimflug. Die Honigbiene hob ab und merkte, dass ihr ganz schwindlig war. In großen Kurven eierte sie durch die Lüfte und wäre beinahe an ihrem Bienenstock vorbeigeflogen.
Aufgeregt nahmen die Bewohner die kleine Honigbiene in Empfang.
„Wo warst du denn so lange?"
„Was ist passiert?"
„Wir haben uns Sorgen gemacht!"
Die beschwipste Biene verdrehte die Augen, schielte die anderen Bienen an und bekam einen Schluckauf.
„Nun erzähle doch endlich! Was ist passiert?", drängten die anderen Bienen ungeduldig. Die Honigbiene plumpste auf ihr Hinterteil und erzählte mit nuschelnder Stimme: „Oh, ich habe ganz tolle Sachen erlebt.

Auf einer großen Blume fand ich viele Wiesen.
(Auf einer großen Wiese fand ich viele Blumen.)

Ein Grashüpfer hat einen Frosch gefressen.
(Ein Frosch hat einen Grashüpfer gefressen.)

Die Haufen bauten sich eine neue Ameise.
(Die Ameisen bauten sich einen neuen Haufen.)

Ein Wald schlängelte sich zur Schlange.
(Eine Schlange schlängelte sich zum Wald.)

Einige Picknickdecken saßen auf Menschen.
(Einige Menschen saßen auf Picknickdecken.)

45. Die beschwipste Honigbiene

Das Gras tobte durch die Kinder.
(Die Kinder tobten durch das Gras.)

Ein Blumenstrauß pflückte ein Mädchen.
(Ein Mädchen pflückte einen Blumenstrauß.)

Die Insekten waren voller Luft.
(Die Luft war voller Insekten.)

Und weil ich so durstig war, habe ich aus einem Getränk einen Becher getrunken.
(Und weil ich so durstig war, habe ich aus einem Becher ein Getränk getrunken.)

Nun ist in meinem Durcheinander ein Kopf.
(Nun ist in meinem Kopf ein Durcheinander.)"

Dann knallte die Honigbiene der Länge nach hin und fing an, zu schnarchen wie tausend Bienenvölker zusammen.

Weitere Ideen:

- Jedes Kind denkt sich selbst einen Quatschsatz mit vertauschten Wörtern aus und spricht diesen den anderen Kindern vor. Die hören genau zu und vertauschen die Wörter so, dass der Satz einen Sinn ergibt. Ein Kind spricht den sinnvollen Satz laut.
- Diese Geschichte bietet eine gute Möglichkeit, mit Stimmungen zu spielen. Wie könnte die Honigbiene ihre Erlebnisse noch geschildert haben? Vielleicht langsam und müde oder aufgeregt und angeheitert?

Tipp:

Lesen Sie beim ersten Mal die Erzählung der beschwipsten Honigbiene genau so vor: beschwipst. Sie können auch noch einige Schluckaufs einbauen. Das macht die Geschichte noch lustiger und bereitet den Kindern viel Spaß.

6. Erzählen

Kapitel 6

46. Das Seeungeheuer

Material:

Bildkarten (S. 89), mehrfach kopiert, sodass jedes Kind eine Karte erhält

So geht es:

Sie lesen die Geschichte vor. Anschließend legen Sie die Bildkarten für alle Kinder gut sichtbar aus. Jeweils ein Kind darf sich eine Karte aussuchen und das abgebildete Motiv in die Geschichte einbringen und weitererzählen.

„Hau-ruck, hau-ruck", riefen die Seemänner im Takt und holten das Netz ein. Schon beim Ziehen merkten sie, dass sie wieder keinen großen Fang gemacht hatten. Enttäuscht untersuchten sie das Netz und zum Vorschein kamen ein paar winzige Makrelen, eine Flunder und zwei glibbrige Quallen. Doch noch etwas hatte sich im Netz verfangen, etwas ganz Besonderes: eine Flaschenpost. Der Kapitän des Fischkutters entkorkte die Flasche und zog die Papierrolle heraus. Er las die Zeilen und seine Stirn legte sich in tiefe Falten. Die Seemänner beobachteten ihren Kapitän und wurden immer neugieriger.
„Was ist es?"
„Eine Schatzkarte?"
„Ein Liebesbrief?"
„Männer", sprach der Kapitän „das ist eine Warnung. In diesen Gewässern treibt ein Seeungeheuer sein Unwesen. Diese Nachricht kommt von einem anderen Schiff, welches das Ungeheuer mit Mann und Maus versenkt hat. Die überlebenden Seemänner hoffen auf Rettung."
Sofort sahen die Männer auf das offene Meer. Es war ruhig und spiegelglatt. Kein Ungeheuer war in Sicht. Ein Seemann flüsterte: „Ich habe von der Bestie gehört. Sie soll die Länge von drei Schiffen haben."
Ein anderer sagte: „Ich habe in einer Hafenkneipe gehört, dass das Ungetüm mindestens zehn Fangarme hat, mit Saugnäpfen daran, groß wie Suppenteller."
Und da alle Seemänner gern Geschichten hörten und weitererzählten, wusste jeder Seemann etwas über das Ungeheuer zu berichten. Der nächste erzählte: „..."

Weitere Idee:

Fordern Sie die Kinder auf, ihr eigenes Seeungeheuer zu malen, ihm einen Namen zu geben und anschließend über ihre Fantasiefigur zu erzählen oder dazu etwas zu schreiben. Mit den gemalten Bildern können Sie im Klassenzimmer oder im Schulhaus eine gruselige Seeungeheuerparade gestalten.

Bildkarten

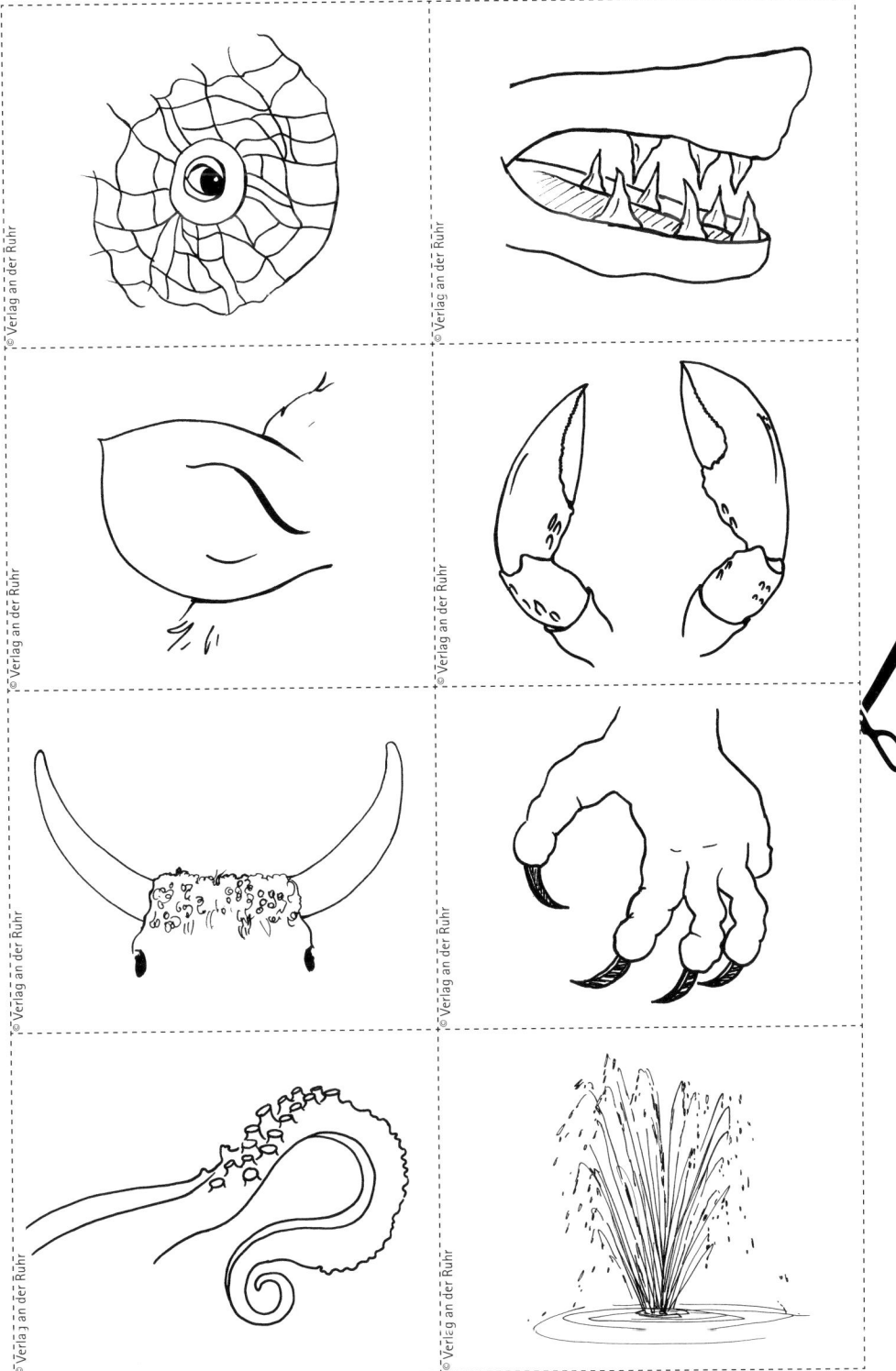

Kapitel 6

47. Die Zaubermaschine

Material:
Bildkarten (S. 91), eine leere Flasche

Vorbereitung:
Die Kinder sitzen im Kreis auf dem Boden. In der Mitte des Kreises liegt die leere Flasche. Darum liegen kreisförmig angeordnet die verdeckten Bildkarten. Sie können auf die Rückseiten der Bildkarten je ein Fragezeichen malen.

So geht es:
Sie lesen die Geschichte vor. Anschließend bedienen die Kinder die „Zaubermaschine": Ein Kind lässt die leere Flasche kreisen und dreht die Bildkarte um, auf die der Flaschenhals bei Stillstand zeigt. Nun erzählt dieses Kind ein kleines Abenteuer von Jule und Ida, welches an dem gezogenen Ort spielt. Sollte dem Kind nichts einfallen, gibt es die Karte an ein anderes Kind weiter oder Sie helfen mit einigen Stichworten aus. Die benutzte Karte wird aus dem Spiel genommen und das nächste Kind bedient die Zaubermaschine.

Jule und Ida hatten es geschafft. Sie standen auf dem verbotenen Dachboden des alten Hauses. Wenn das ihre Oma wüsste. Der Dachboden war für alle Bewohner des Hauses Sperrgebiet. Warum, das wusste keiner. Doch Jule und Ida wollten es herausfinden. Schließlich verschwand ihre Oma regelmäßig auf dem Dachboden und kam nach einer Weile lächelnd wieder herunter.
Jule und Ida sahen sich um. Sie konnten nichts Ungewöhnliches entdecken. Es sah aus wie auf jedem Dachboden eines 100 Jahre alten Hauses: abgestellte Möbel, Gerümpel, Kisten und Spinnweben. Auf alle Dinge, die hier lagerten, hatte sich eine dicke Staubschicht gelegt.
Jule tippte Ida an und flüsterte: „Sieh mal, die schwarze Kiste da!"
„Was ist damit? Sie ist schwarz, na und?"
„Fällt dir nichts auf?", fragte Jule.
Ida trat näher an die Kiste heran. „Du hast recht, blitzesauber, kein Staubkörnchen."
Bevor Ida noch etwas sagen konnte, hatte Jule den Deckel schon geöffnet, das Spiel herausgeholt und auf den Boden gestellt. Die Mädchen hockten sich davor.
„Sieht aus wie ein Roulettespiel", stellte Jule fest. „Aber ohne Zahlen, nur Fragezeichen. Wie soll das denn gehen? Gleich werden wir es wissen."
Und schon drehte sie die Scheibe und warf die kleine Kugel ein. Als die Kugel bei einem Fragezeichen liegen blieb, wurde es blitzartig dunkel, es zischte und

zwei Sekunden später war es wieder hell. Viel zu hell, denn Jule und Ida hockten nicht mehr auf dem Dachboden, sondern bei strahlendem Sonnenschein auf einer Insel mitten im Meer.
„Kein Spiel", stotterte Jule „eine Zaubermaschine."
Plötzlich bewegte sich alles um sie herum. Hunderte Riesenkrabben wühlten sich aus dem Sand und marschierten auf die beiden Mädchen zu. Jule und Ida erstarrten und rissen entsetzt die Augen auf. Fast hätte sie die erste Krabbe erreicht, da zischte es und schwupp – waren sie wieder auf dem Dachboden.

Bildkarten

Kapitel 6

48. Die besten Geheimagenten der Welt

Vorbereitung:

Bilden Sie mit den Kindern Kleingruppen (3 bis 4 Kinder pro Gruppe).
Verteilen Sie die Gruppen im Raum, sodass jede Gruppe für sich nach dem Vorlesen des Geschichtenanfangs beraten kann.

So geht es:

Sie lesen die Geschichte vor. Tragen Sie die letzten Zeilen besonders spannend vor, um die Kinder zu motivieren, sich selbst den Ausgang der Geschichte auszudenken. Geben Sie den Kleingruppen anschließend Zeit, sich über den Fortgang der Geschichte zu beraten. Danach erzählen ein oder mehrere Kinder aus jeder Kleingruppe ihren Ausgang der Geschichte den anderen Kindern.

Oliver und Elias waren wieder mal auf Geheimerkundung. Das war ihr Lieblingsspiel. Dann wurden die beiden Jungen zu Geheimagenten und mussten entweder einem Verbrecher auf die Spur kommen, einen verloren gegangenen Schatz finden oder die Gegend nach ungewöhnlichen Dingen absuchen.

Heute hatten Oliver und Elias einen besonders geheimen Auftrag. Sie wollten den Wald, gleich in der Nähe ihres Wohnortes, nach außerirdischen Raumschiffen absuchen. Elias hatte am Abend zuvor seltsame Lichter am Sternenhimmel beobachtet und Oliver in der Schule davon erzählt. Die beiden waren sich sofort einig: Das konnten nur Außerirdische sein.

Nun liefen die Jungen, bewaffnet mit langen Stöcken, kreuz und quer durch den Wald und suchten die Umgebung nach merkwürdigen Dingen ab. Im Unterholz raschelten kleine Tiere. Die Baumwipfel wiegten sich sacht im Wind.

Da meinte Oliver: „Vielleicht haben die ihr Raumschiff gar nicht auf dem Boden geparkt, sondern oben in den Baumkronen."

Elias überlegte. Dann sagte er: „Das könnte sein. Dann werden sie nicht so schnell entdeckt. Wer schaut schon nach oben, wenn er durch den Wald läuft?"

Oliver und Elias sahen sich an und sprachen wie aus einem Munde: „Wir, die besten Geheimagenten der Welt."

Sie liefen weiter, immer wieder den Blick nach oben gerichtet. Plötzlich verdunkelte sich der Himmel. Die Geräusche der Tiere, das Rascheln der Blätter an den Bäumen, alles verstummte, wie auf Kommando. Wachsam blieben die beiden Geheimagenten völlig erstarrt stehen ... **(Spannungspause machen)**

... und was passierte dann?

Kapitel 6

49. Oskar, der Vampir

Material:
verschiedene kleine Gegenstände, z. B. Stift, Brille, Zeitung, Flasche, Geldstück …

Vorbereitung:
Die Kinder sitzen im Stuhlkreis. Die verschiedenen Gegenstände liegen in der Kreismitte auf dem Boden.

So geht es:
Sie lesen die Geschichte vor. Anschließend fordern Sie die Kinder auf, die Geschichte mithilfe der Gegenstände weiterzuerzählen. Dazu sucht sich immer ein Kind einen Gegenstand aus, welcher in seinem Teil der Geschichte eine Rolle spielt. Danach erzählt das nächste Kind mit einem anderen Gegenstand die Geschichte weiter.

Oskar war ein höflicher und freundlicher Junge. Er ging in die zweite Klasse, doch für sein Alter war er recht klein und zierlich. Seit einer Woche besuchte er nun schon die neue Schule. Fast alle Kinder der Klasse waren nett zu ihm und hielten Oskar für einen ganz normalen Schüler. Das gefiel Oskar, denn keiner musste wissen, dass er ein Vampir war. Warum auch? Er hatte keine Reißzähne und er trank nicht das Blut der Menschen. Ihm schmeckten Blutwurst und Blutorangensaft viel besser. Die Fähigkeiten, die Oskar sonst noch besaß, musste er ja niemandem zeigen. Oskar wollte ein ganz normaler Junge sein.

Aber, wie ich euch schon erzählt habe, fast alle waren nett zu ihm. Nur eine, die gewaltige Zoe, machte ihm das Leben schwer. Sie war einen Kopf größer als Oskar, ging zum Karateunterricht und hatte ständig eine große Klappe. Oskar war Zoe zu klein, zu schwach, zu still, zu nett … egal … sie fand immer einen Grund, Oskar zu ärgern, ihn lächerlich zu machen und zu ängstigen.

Eines Tages ergab sich ein glücklicher Zufall. Oskar schlenderte über den Schulhof und wollte nach Hause gehen. Da hörte er Zoe aus dem Schulhaus um Hilfe rufen. Die anderen Kinder und Lehrer liefen unbekümmert weiter, denn sie hatten nicht das empfindliche Gehör eines Vampirs. Oskar machte kehrt und ging den Hilferufen nach. Sie führten ihn in die Kellerräume der Schule. Dort hatte man Zoe aus Versehen zwischen alten Möbeln, Büchern, Landkarten und 1 000 anderen Dingen eingeschlossen. Das war die Gelegenheit für Oskar. Nun konnte er von seinen Vampirkräften Gebrauch machen und Zoe zeigen, wie es ist, allein und ängstlich zu sein. Er würde einen anständigen Spuk veranstalten. Zuerst …

Kapitel 6

50. Was man über Katzen wissen sollte

So geht es:

Sie lesen die Geschichte bis zum Ende vor. Die Kinder werden merken, dass das Mädchen in der Geschichte nicht immer die Wahrheit sagt. Fordern Sie die Kinder nach dem Vorlesen der Geschichte auf, die falschen Aussagen richtigzustellen und darüber zu erzählen.

Marie saß an ihrem Schreibtisch und schaute böse aus dem Fenster. Was für ein tolles Wetter! Ihre Freunde waren bestimmt schon alle auf dem Fußballplatz und sie saß hier rum.
Marie musste Hausaufgaben machen. Morgen wollte Frau Primer von allen Kindern einen Vortrag über ein Haustier hören. Marie stöhnte. Sie hatte überhaupt kein Haustier. Doch Frau Primer hatte gesagt, dann sucht man sich eins aus und liest darüber in Büchern oder im Internet.
Marie murmelte: „Ich schreibe einfach, was mir einfällt. Vielleicht bin ich morgen auch noch gar nicht dran mit dem Vortrag. Ich schreibe über ... über ... Katzen", fiel ihr ein, denn sie sah gerade draußen eine schwarz-weiß-gescheckte rumschleichen. Schon kritzelte der Stift über das Papier. Nach zehn Minuten war sie fertig, schnappte sich ihre Fußballschuhe und weg war sie.
„Marie, du bist dran!", sagte Frau Primer am nächsten Morgen. „Komm nach vorn! Welches Tier hast du dir ausgesucht?" Marie schlurfte nach vorn zum Lehrertisch und stellte sich vor ihre Klasse. Dann räusperte sie sich und begann:
*„Was man über Katzen wissen sollte. Katzen leben schon sehr lange bei den Menschen als Haustiere. Früher hatten sie eine wichtige Aufgabe. Sie befreiten die Häuser der Menschen vom Ungeziefer. Sie fingen Mäuse, **Wildschweine**, Ratten und **Truthähne**. Katzen sind schnelle Jäger und haben an ihren Pfoten scharfe **Messer**. Erst belauern sie ihre Beute, dann schleichen sie sich an und packen ihre Beute mit ihren Pfoten. Heutzutage fressen Katzen lieber Dosenfutter und **Erdbeertorte**."*
Die Kinder der Klasse fingen an, zu kichern. Frau Primer machte sich Notizen und ihr Gesicht wurde dabei immer finsterer.
*Marie las weiter: „Katzen können schnurren und **bellen**. Wenn sie ärgerlich werden, fauchen sie. Katzen haben vier Beine und einen **Ringelschwanz**. Ihr weiches Fell kann verschiedene Farben haben: schwarz, weiß, **lila**, grau oder **grün**.*
Wieder kicherten die Kinder der Klasse und Frau Primer ermahnte sie streng.
„Mach weiter, Marie! Was sollten wir noch über Katzen wissen?"
*Marie fuhr fort: „Katzen können sehr gut hören. Sie haben darum **große, runde** Ohren. Damit können sie besser hören als Hunde."*

50. Was man über Katzen wissen sollte

Mehr hatte Marie nicht auf ihrem Zettel stehen. Sie sah Frau Primer an.
„War das alles?", fragte die Lehrerin streng und schaute über den Rand ihrer Brille.
„Kannst du uns noch was über die Vermehrung von Katzen erzählen?"
Marie hatte keine Ahnung, deshalb sagte sie einfach: „Katzen **legen Eier in ein Nest**.*"*
Die Kinder der Klasse brüllten vor Lachen los. Marie bekam einen hochroten Kopf und schämte sich.

„Marie, aufwachen!", hörte sie ihre Mutter flüstern.
Marie schlug die Augen auf und fragte noch ganz benommen: „Bin ich rot im Gesicht?"
„Nein, wie kommst du denn darauf?", fragte ihre Mutter besorgt.
Marie schmunzelte: „Ich hatte einen seltsamen Traum."

Weitere Ideen:

Teilen Sie die Kinder in Kleingruppen. Geben Sie jeder Gruppe eine konkrete Frage, über die sie ihr Wissen austauschen sollen. Danach erzählt ein Kind aus jeder Kleingruppe, was diese gemeinsam herausgefunden hat. Mögliche Fragen:
- Wie ernähren sich Katzen? (Fertignahrung, Fleisch, Fisch …)
- Was können Katzen besonders gut? (jagen, sich anschleichen, hören, klettern …)
- Wie sehen Katzen aus? (Körperbau, Fell, Augen, Ohren, Schwanz …)

Sicher gibt es auch in Ihrer Klasse Kinder, die eine Katze als Haustier haben. Lassen Sie diese Kinder darüber erzählen.
- Wie heißt die Katze?
- Ist es eine Haus- oder Rassekatze?
- Wie sieht sie aus?
- Was magst du an deiner Katze?

Gut zu wissen:

Die Hauskatze gehört zur Familie der Raubtiere und ist ein Fleischfresser. Seit 9 500 Jahren wird sie von den Menschen als Haustier gehalten. Sie kann ca. 15 Jahre alt werden. Die Hauskatze ist ein Säugetier und kann bis zu sieben Junge zur Welt bringen. Dazu sucht sie sich ein Nest, das kann ein geöffneter Schrank oder eine Schachtel sein. Der lange Schwanz der Katze dient zum Halten des Gleichgewichtes und zur Kommunikation untereinander. Die Katze hört mit ihren spitzen Ohren, die sie unabhängig voneinander bewegen kann, 3-mal besser als der Mensch.
Sie hat weich gepolsterte Zehen mit zurückziehbaren Krallen.

Weitere Informationen und Blick ins Buch unter www.verlagruhr.de

Keiner darf zurückbleiben

Vorlesen üben mit Dialog-Geschichten – Klasse 1/2
15 kurze Lese-Stücke auf praktischen Textkarten
Kl. 1–2, 32 farbige feste Karten A4 + 28 S. Begleitheft, in praktischer Aufbewahrungsbox
Best.-Nr. 978-3-8346-2987-6

Bilder erzählen Geschichten
Erste realistische Schreibanlässe
Arbeitsblätter für die Grundschule in 3 Differenzierungsstufen
Kl. 1–2, 64 S., A4, Heft
Best.-Nr. 978-3-8346-2970-8

Mit Montessori in großen Sprüngen den Satzbau erobern
Anleitungen, Vorlagen, handlungsorientierte Materialien
Kl. 2–4, 144 S., A4, Paperback, vierfarbig
Best.-Nr. 978-3-8346-2984-5

30 x Rechtschreibung für 45 Minuten – Klasse 4
Ausgearbeitete Stunden mit Kopiervorlagen
Kl. 4, 96 S., A4, Paperback
Best.-Nr. 978-3-8346-2968-5

Merk-Poster
Deutsch-Wissen auf einen Blick – Klasse 3/4
Kl. 3–4, 12 Poster A3
Best.-Nr. 978-3-8346-0867-3

Satzbau üben und festigen
Kopiervorlagen mit Lösungen
Kl. 3–4, 80 S., A4, Heft
Best.-Nr. 978-3-8346-2971-5

Mehr Informationen unter: **www.verlagruhr.de** Jetzt portofrei online bestellen!*
*gilt für alle Internetbestellungen innerhalb Deutschlands